Middelhavets Madmagi
En Kulinarisk Rejse

Sofia Møller

Indhold

Fiesta kyllingesalat

Forberedelsestid: 20 minutter

Madlavningstid: 20 minutter

Portioner: 4

Sværhedsgrad: Let

Ingredienser:

- 2 halvdele af skind, udbenet kyllingebryst
- 1 pakke fajita-krydderi, delt
- 1 spiseskefuld vegetabilsk olie
- 1 dåse sorte bønner, skyllet og afdryppet
- 1 dåse mexicansk majs
- 1/2 kop salsa
- 1 pakke grøn salat
- 1 løg, finthakket
- 1 tomat i kvarte

Rutevejledning:

Gnid kyllingen jævnt med halvdelen af fajita-krydderierne. I en stegepande over medium varme, opvarm olien og kog kyllingen side om side i 8 minutter, eller indtil saften er klar; lægge til side. Kom bønner, majs, salsa og halvdelen af fajita-krydderierne i en stor gryde. Opvarm over medium varme, indtil det er gennemvarmet. Tilbered salaten ved at blande de grønne grøntsager, løg og tomat. Dæk kyllingesalaten og vend med bønne-majsblandingen.

Ernæring (pr. 100 g):311 kalorier 6,4 g fedt 42,2 g kulhydrater 23 g protein 853 mg natrium

Majs og sorte bønner salat

Forberedelsestid: 10 minutter

Madlavningstid: 0 minutter

Portioner: 4

Sværhedsgrad: Let

Ingredienser:

- 2 spiseskefulde vegetabilsk olie
- 1/4 kop balsamicoeddike
- 1/2 tsk salt
- 1/2 tsk hvidt sukker
- 1/2 tsk stødt spidskommen
- 1/2 tsk stødt sort peber
- 1/2 tsk chilipulver
- 3 spsk hakket frisk koriander
- 1 dåse sorte bønner (15 oz)
- 1 dåse (8,75 oz) sukkermajs, drænet

Rutevejledning:

Kom balsamicoeddike, olie, salt, sukker, sort peber, spidskommen og chilipulver i en lille skål. Kombiner sorte majs og bønner i en mellemstor skål. Vend med eddike og olie vinaigrette og pynt med koriander. Dæk til og stil på køl natten over.

Ernæring (pr. 100 g):214 kalorier 8,4 g fedt 28,6 g kulhydrater 7,5 g protein 415 mg natrium

Fantastisk pastasalat

Forberedelsestid: 30 minutter

Madlavningstid: Ti minutter

Portioner: 16

Sværhedsgrad: Medium

Ingredienser:

- 1 pakke fusilli pasta (16 oz).
- 3 kopper cherrytomater
- 1/2 pund provolone, skåret i tern
- 1/2 kilo pølse skåret i tern
- 1/4 pund pepperoni, skåret i halve
- 1 stor grøn peberfrugt
- 1 dåse sorte oliven, drænet
- 1 krukke chilipeber, afdryppet
- 1 flaske (8 oz) italiensk vinaigrette

Rutevejledning:

Kog letsaltet vand op i en gryde. Rør pastaen i og kog i cirka 8 til 10 minutter eller indtil al dente. Dræn og skyl med koldt vand.

Kombiner pasta med tomater, ost, salami, pepperoni, grøn peber, oliven og peberfrugt i en stor skål. Hæld vinaigretten i og bland godt.

Ernæring (pr. 100 g):310 kalorier 17,7 g fedt 25,9 g kulhydrater 12,9 g protein 746 mg natrium

tun salat

Forberedelsestid: 20 minutter

Madlavningstid: 0 minutter

Portioner: 4

Sværhedsgrad: Let

Ingredienser:

- 1 dåse (19 ounce) kikærter
- 2 spsk mayonnaise
- 2 tsk krydret brun sennep
- 1 spsk sød pickle
- Salt og peber efter smag
- 2 hakkede grønne løg

Rutevejledning:

Kombiner grønne bønner, mayonnaise, sennep, krydderier, hakket grønne løg, salt og peber i en mellemstor skål. Bland godt.

Ernæring (pr. 100 g):220 kalorier 7,2 g fedt 32,7 g kulhydrater 7 g protein 478 mg natrium

Sydlig kartoffelsalat

Forberedelsestid: 15 minutter

Madlavningstid: 15 minutter

Portioner: 4

Sværhedsgrad: Medium

Ingredienser:

- 4 kartofler
- 4 æg
- 1/2 stilk selleri, finthakket
- 1/4 kop sød smag
- 1 fed hvidløg, finthakket
- 2 spiseskefulde sennep
- 1/2 kop mayonnaise
- salt og peber efter smag

Rutevejledning:

Kog vand i en gryde, læg kartoflerne og kog dem møre, men stadig faste, ca. 15 minutter; dræn og hak. Kom æggene i en gryde og dæk med koldt vand.

Vandet koger; dæk, fjern fra varmen og læg æg i blød i varmt vand i 10 minutter. Fjern derefter skindet og hak det fint.

Kom kartofler, æg, selleri, sød sauce, hvidløg, sennep, mayonnaise, salt og peber i en stor skål. Rør rundt og server varmt.

Ernæring (pr. 100 g):460 kalorier 27,4 g fedt 44,6 g kulhydrater 11,3 g protein 214 mg natrium

Syv lags salat

Forberedelsestid: 15 minutter

Madlavningstid: 5 minutter

Portioner: 10

Sværhedsgrad: Medium

Ingredienser:

- 1 kilo bacon
- 1 hoved icebergsalat
- 1 rødløg, finthakket
- 1 pakke med 10 frosne ærter, optøet
- 10 ounce revet cheddarost
- 1 kop hakket blomkål
- 1 1/4 kop mayonnaise
- 2 spsk hvidt sukker
- 2/3 kop revet parmesan

Rutevejledning:

Læg bacon i en stor, lav gryde. Steg ved middel varme indtil glat. Smuldr og reserver. Læg revet salat i en stor skål og top med et lag løg, ærter, revet ost, blomkål og bacon.

Tilbered vinaigretten ved at blande mayonnaise, sukker og parmesan. Hæld salaten over og lad den køle af.

Ernæring (pr. 100 g):387 kalorier 32,7 g fedt 9,9 g kulhydrater 14,5 g protein 609 mg natrium

Grønkål, quinoa og avocado salat, citron Dijon vinaigrette

Forberedelsestid: 5 minutter

Madlavningstid: 25 minutter

Portioner: 4

Sværhedsgrad: Svært

Ingredienser:

- 2/3 kop quinoa
- 1 1/3 kop vand
- 1 bundt kål, revet i små stykker
- 1/2 avocado – skrællet, skåret i tern og udstenet
- 1/2 kop hakket agurk
- 1/3 kop hakket rød peber
- 2 spsk hakket rødløg
- 1 spsk smuldret fetaost

Rutevejledning:

Kog quinoa og 1 1/3 dl vand i en gryde. Reducer varmen og lad det simre, indtil quinoaen er mør og vandet er absorberet, cirka 15 til 20 minutter. Lad afkøle.

Læg kålen i en dampkoger over en tomme kogende vand i en gryde. Dæk gryden med et låg og damp, indtil den er gennemvarmet, ca. 45 sekunder; overfør til en stor tallerken. Top med kål, quinoa, avocado, agurk, peberfrugt, rødløg og fetaost.

Bland olivenolie, citronsaft, dijonsennep, havsalt og sort peber i en skål, indtil olien emulgerer i dressingen. hældes over salaten.

Ernæring (pr. 100 g):342 kalorier 20,3 g fedt 35,4 g kulhydrater 8,9 g protein 705 mg natrium

Kyllingesalat

Forberedelsestid: 20 minutter

Madlavningstid: 0 minutter

Portioner: 9

Sværhedsgrad: Let

Ingredienser:

- 1/2 kop mayonnaise
- 1/2 tsk salt
- 3/4 tsk fuglekrydderi
- 1 spiseskefuld citronsaft
- 3 kopper kogt kyllingebryst, skåret i tern
- 1/4 tsk stødt sort peber
- 1/4 tsk hvidløgspulver
- 1/4 tsk løgpulver
- 1/2 kop hakket selleri
- 1 dåse (8 oz) vandkastanjer, drænet og hakket
- 1/2 kop hakket grønne løg
- 1 1/2 kop grønne druer skåret i halve
- 1 1/2 kopper schweizerost i tern

Rutevejledning:

Kombiner mayonnaise, salt, kyllingekrydderi, løgpulver, hvidløgspulver, peber og citronsaft i en mellemstor skål. Kombiner kylling, selleri, grønne løg, vandkastanjer, schweizerost og rosiner i en stor skål. Tilsæt mayonnaiseblandingen og bland. Stil på køl indtil servering.

Ernæring (pr. 100 g):293 kalorier 19,5 g fedt 10,3 g kulhydrater 19,4 g protein 454 mg natrium

Cobb salat

Forberedelsestid: 5 minutter

Madlavningstid: 15 minutter

Portioner: 6

Sværhedsgrad: Svært

Ingredienser:

- 6 skiver bacon
- 3 æg
- 1 kop icebergsalat, hakket
- 3 kopper kogt kværnet kylling
- 2 tomater, udstenede og hakkede fint
- 3/4 kop blåskimmelost, revet
- 1 avocado – skrællet, udstenet og skåret i tern
- 3 grønne løg, finthakket
- 1 flaske (8 oz) ranchdressing

Rutevejledning:

Kom æggene i en gryde og udblød dem helt i koldt vand. Vandet koger. Dæk til og fjern fra varmen og lad æggene sidde i det varme vand i 10 til 12 minutter. Fjern fra varmt vand, lad afkøle, rens og hak fint. Læg baconen i en stor, dyb pande. Steg ved middel varme indtil glat. Læg til side.

Fordel den strimlede salat mellem separate tallerkener. Arranger kylling, æg, tomater, blåskimmelost, bacon, avocado og grønne løg i rækker ovenpå salat. Dryp med din yndlingsvinaigrette og nyd.

Ernæring (pr. 100 g):525 kalorier 39,9 g fedt 10,2 g kulhydrater 31,7 g protein 701 mg natrium

Broccolisalat

Forberedelsestid: 10 minutter

Madlavningstid: 15 minutter

Portioner: 6

Sværhedsgrad: Medium

Ingredienser:

- 10 skiver bacon
- 1 kop frisk broccoli
- ¼ kop rødløg, finthakket
- ½ kop rosiner
- 3 spsk hvidvinseddike
- 2 spsk hvidt sukker
- 1 kop mayonnaise
- 1 kop solsikkekerner

Rutevejledning:

Brun baconen på en pande ved middel varme. Dræn, smuldr og reserver. Kombiner broccoli, løg og rosiner i en mellemstor skål. Bland eddike, sukker og mayonnaise i en lille skål. Hæld broccoliblandingen over og vend. Stil på køl i mindst to timer.

Inden servering smuldres salaten med smuldret bacon og solsikkekerner.

Ernæring (pr. 100 g):559 kalorier 48,1 g fedt 31 g kulhydrater 18 g protein 584 mg natrium

Spinatsalat med jordbær

Forberedelsestid: 10 minutter

Madlavningstid: 0 minutter

Portioner: 4

Sværhedsgrad: Let

Ingredienser:

- 2 spsk sesamfrø
- 1 skefuld valmuefrø
- 1/2 kop hvidt sukker
- 1/2 kop olivenolie
- 1/4 kop destilleret hvid eddike
- 1/4 tsk paprika
- 1/4 tsk Worcestershire sauce
- 1 spsk finthakket løg
- 10 ounce frisk spinat
- 1 liter skrællede, udkernede og snittede jordbær
- 1/4 kop blancherede og revet mandler

Rutevejledning:

I en mellemstor skål piskes de samme frø, valmuefrø, sukker, olivenolie, eddike, paprika, Worcestershiresauce og løg sammen. Dæk til og lad afkøle i en time.

Tilsæt spinat, jordbær og mandler i en stor skål. Hæld vinaigretten over salaten og vend. Stil på køl 10 til 15 minutter før servering.

Ernæring (pr. 100 g):491 kalorier 35,2 g fedt 42,9 g kulhydrater 6 g protein 691 mg natrium

Pæresalat med roquefort

Forberedelsestid: 20 minutter

Madlavningstid: Ti minutter

Portioner: 2

Sværhedsgrad: Medium

Ingredienser:

- 1 salatblad, revet i små stykker
- 3 pærer - skrællet, udsået og skåret i tern
- 5 ounce Roquefort, smuldret
- 1 avocado – skrællet, udstenet og skåret i tern
- 1/2 kop hakket grønne løg
- 1/4 kop hvidt sukker
- 1/2 kop pekannødder
- 1/3 kop olivenolie
- 3 spsk rødvinseddike
- 1 1/2 tsk hvidt sukker
- 1 1/2 tsk tilberedt sennep
- 1/2 tsk saltet sort peber
- 1 fed hvidløg

Rutevejledning:

Kombiner 1/4 kop sukker med pekannødder i en gryde over medium varme. Fortsæt med at røre forsigtigt, indtil sukkeret er karamelliseret med pekannødderne. Overfør forsigtigt nødderne til vokset papir. Lad afkøle og brække i stykker.

Bland dressingolie, marinade, 1 1/2 tsk sukker, sennep, hakket hvidløg, salt og peber.

I en dyb skål kombineres salat, pærer, blåskimmelost, avocado og grønt løg. Hæld dressingen over salaten, drys med pekannødder og server.

Ernæring (pr. 100 g):426 kalorier 31,6 g fedt 33,1 g kulhydrater 8 g protein 481 mg natrium

Mexicansk bønnesalat

Forberedelsestid: 15 minutter

Madlavningstid: 0 minutter

Portioner: 6

Sværhedsgrad: Let

Ingredienser:

- 1 dåse (15 oz) sorte bønner, drænet
- 1 dåse (15 oz) kidneybønner, drænet
- 1 dåse (15 oz) hvide bønner, drænet
- 1 grøn peberfrugt, finthakket
- 1 rød peberfrugt, finthakket
- 1 pakke frosne majskerner
- 1 rødløg, finthakket
- 2 spsk frisk citronsaft
- 1/2 kop olivenolie
- 1/2 kop rødvinseddike
- 1 spiseskefuld citronsaft
- 1 spiseskefuld salt
- 2 spsk hvidt sukker
- 1 fed presset hvidløg
- 1/4 kop hakket koriander
- 1/2 tsk stødt spidskommen
- 1/2 tsk stødt sort peber
- 1 skvæt varm pebersauce

- 1/2 tsk chilipulver

Rutevejledning:

Kom bønner, peberfrugt, frosne majs og rødløg i en stor skål. Kom olivenolie, citronsaft, rødvinseddike, citronsaft, sukker, salt, hvidløg, koriander, spidskommen og sort peber i en lille skål – smag til med hot sauce og chilipulver.

Hæld olivenolie vinaigrette over grøntsager; Bland godt. Lad køle godt af og server koldt.

Ernæring (pr. 100 g):334 kalorier 14,8 g fedt 41,7 g kulhydrater 11,2 g protein 581 mg natrium

Melonsalat

Forberedelsestid: 20 minutter

Madlavningstid: 0 minutter

Portioner: 6

Sværhedsgrad: Medium

Ingredienser:

- ¼ tsk havsalt
- ¼ tsk sort peber
- 1 spsk balsamicoeddike
- 1 cantaloupe, delt i kvarte og frøet
- 12 meloner, små og kerneløse
- 2 kopper friske mozzarellakugler
- 1/3 kop basilikum, frisk og revet
- 2 skeer. olivenolie

Rutevejledning:

Riv melonkuglerne og læg dem i et dørslag over en serveringsskål. Brug også din cantaloupe til at skære vandmelonen i skiver, og tilsæt den derefter til vandmelonen.

Dræn frugten i ti minutter, og stil derefter saften på køl til en anden opskrift. Det kan endda tilføjes til smoothies. Tør skålen af og kom frugten heri.

Tilsæt basilikum, olie, eddike, mozzarella og tomater og smag til med salt og peber. Bland forsigtigt og server straks eller koldt.

Ernæring (pr. 100 g):218 kalorier 13 g fedt 9 g kulhydrater 10 g protein 581 mg natrium

Appelsinsalat med selleri

Forberedelsestid: 15 minutter

Madlavningstid: 0 minutter

Portioner: 6

Sværhedsgrad: Let

Ingredienser:

- 1 spsk frisk citronsaft
- ¼ tsk fint havsalt
- ¼ tsk sort peber
- 1 spsk olivenolie-lage
- 1 spsk olivenolie
- ¼ kop rødløg, skåret i skiver
- ½ kop grønne oliven
- 2 appelsiner, skrællet og skåret i skiver
- 3 stilke selleri, skåret diagonalt i 1-tommers skiver

Rutevejledning:

Læg appelsiner, oliven, løg og selleri i en lav skål. Bland i en anden skål olie, olivenolie og citronsaft, hæld over salaten. Smag til med salt og peber inden servering.

Ernæring (pr. 100 g):65 kalorier 7 g fedt 9 g kulhydrater 2 g protein 614 mg natrium

Brændt broccolisalat

Forberedelsestid: 20 minutter

Madlavningstid: Ti minutter

Portioner: 4

Sværhedsgrad: Svært

Ingredienser:

- 1 kg broccoli, skåret i buketter og skåret i skiver
- 3 spsk olivenolie, delt
- 1 bundt cherrytomater
- 1 ½ tsk honning, rå og delt
- 3 kopper fuldkornsbrød i tern
- 1 spsk balsamicoeddike
- ½ tsk sort peber
- ¼ tsk fint havsalt
- revet parmesan til servering

Rutevejledning:

Forvarm ovnen til 450 grader og tag en bageplade ud. Sæt i ovnen for at genopvarme. Dryp din broccoli med en spiseskefuld olie og smid den.

Tag bagepladen ud af ovnen og læg broccolien på den. Lad olien stå i bunden af gryden, tilsæt tomaterne, bland dem og bland derefter tomaterne med en skefuld honning. Hæld dem på samme bageplade som broccolien.

Steg i 15 minutter og rør rundt halvvejs gennem tilberedningen. Tilsæt brødet og rist i yderligere tre minutter. Pisk to spiseskefulde olie, eddike og resten af honningen sammen. Smag til med salt og peber. Hæld det over broccoliblandingen inden servering.

Ernæring (pr. 100 g):226 kalorier 12 g fedt 26 g kulhydrater 7 g protein 581 mg natrium

Tomatsalat

Forberedelsestid: 20 minutter

Madlavningstid: 0 minutter

Portioner: 4

Sværhedsgrad: Let

Ingredienser:

- 1 agurk, skåret i skiver
- ¼ kop soltørrede tomater, hakkede
- 1 kilo hakkede tomater
- ½ kop sorte oliven
- 1 rødløg, hakket
- 1 spsk balsamicoeddike
- ¼ kop persille, frisk og hakket
- 2 spsk olivenolie
- havsalt og sort peber efter smag

Rutevejledning:

Tag en skål og bland alle grøntsagerne sammen. For at forberede din vinaigrette skal du blande alle krydderierne, olivenolie og eddike. Bland med salaten og server afkølet.

Ernæring (pr. 100 g):126 kalorier 9,2 g fedt 11,5 g kulhydrater 2,1 g protein 681 mg natrium

Feta roe salat

Forberedelsestid: 15 minutter

Madlavningstid: 0 minutter

Portioner: 4

Sværhedsgrad: Let

Ingredienser:

- 6 kogte og pillede rødbeder
- 3 ounces fetaost, i tern
- 2 spsk olivenolie
- 2 spsk balsamicoeddike

Rutevejledning:

Bland det hele og server.

Ernæring (pr. 100 g):230 kalorier 12 g fedt 26,3 g kulhydrater 7,3 g protein 614 mg natrium

Blomkål og tomatsalat

Forberedelsestid: 15 minutter

Madlavningstid: 0 minutter

Portioner: 4

Sværhedsgrad: Let

Ingredienser:

- 1 kop blomkål, finthakket
- 2 spsk frisk, hakket persille
- 2 kopper cherrytomater, skåret i halve
- 2 spsk frisk citronsaft
- 2 spsk pinjekerner
- havsalt og sort peber efter smag

Rutevejledning:

Rør citronsaft, cherrytomater, blomkål og persille i og smag til.
Pynt med pinjekerner og bland godt inden servering.

Ernæring (pr. 100 g):64 kalorier 3,3 g fedt 7,9 g kulhydrater 2,8 g protein 614 mg natrium

Flødeost pilaf

Forberedelsestid: 20 minutter

Madlavningstid: Ti minutter

Portioner: 6

Sværhedsgrad: Medium

Ingredienser:

- 2 kopper langkornet gule ris, kogte
- 1 kop løg
- 4 grønne løg
- 3 spiseskefulde smør
- 3 spiseskefulde grøntsagssuppe
- 2 teskefulde cayennepeber
- 1 tsk paprika
- ½ tsk finthakket nelliker
- 2 spsk friske, hakkede mynteblade
- 1 bundt friske mynteblade til pynt
- 1 spsk olivenolie
- havsalt og sort peber efter smag
- <u>Flødeost:</u>
- 3 spiseskefulde olivenolie
- havsalt og sort peber efter smag
- 9 ounce flødeost

Rutevejledning:

Forvarm ovnen til 360 grader, og tag derefter en bageplade ud. Varm smør og olivenolie sammen og steg løg og forårsløg i to minutter.

Tilsæt salt, peber, paprika, nelliker, grøntsagsfond, ris og andre krydderier. Kog i tre minutter. Pak ind i folie og bag i yderligere en halv time. Lad det køle af.

Bland flødeost, ost, olivenolie, salt og peber. Server din pilaf pyntet med friske mynteblade.

Ernæring (pr. 100 g):364 kalorier 30 g fedt 20 g kulhydrater 5 g protein 511 mg natrium

Stegt aubergine salat

Forberedelsestid: 10 minutter

Madlavningstid: 20 minutter

Portioner: 6

Sværhedsgrad: Let

Ingredienser:

- 1 rødløg, hakket
- 2 spsk frisk, hakket persille
- 1 tsk timian
- 2 kopper cherrytomater, skåret i halve
- havsalt og sort peber efter smag
- 1 tsk oregano
- 3 spiseskefulde olivenolie
- 1 tsk basilikum
- 3 auberginer, renset og skåret i tern

Rutevejledning:

Start med at forvarme ovnen til 350. Smag auberginen til med basilikum, salt, peber, oregano, timian og olivenolie. Læg det på en bageplade og bag i en halv time. Bland med de øvrige ingredienser inden servering.

Ernæring (pr. 100 g):148 Kalorier 7,7 g Fedt 20,5 g Kulhydrater 3,5 g Protein 660 mg Natrium

Grillede grøntsager

Forberedelsestid: 5 minutter

Madlavningstid: 15 minutter

Portioner: 12

Sværhedsgrad: Let

Ingredienser:

- 6 fed hvidløg
- 6 spiseskefulde olivenolie
- 1 fennikelløg, skåret i tern
- 1 zucchini i tern
- 2 røde peberfrugter i tern
- 6 kartofler, store og i tern
- 2 teskefulde havsalt
- ½ kop balsamicoeddike
- ¼ kop rosmarin, hakket og frisk
- 2 teskefulde grøntsagssuppepulver

Rutevejledning:

Start med at forvarme ovnen til 400. Anret kartofler, fennikel, zucchini, hvidløg og fennikel på en bageplade, dryp med et skvæt olivenolie. Drys med salt, bouillonpulver og rosmarin. Bland godt og bag derefter i tredive til fyrre minutter ved 450°C. Bland eddike med grøntsagerne før servering.

Ernæring (pr. 100 g):675 kalorier 21 g fedt 112 g kulhydrater 13 g protein 718 mg natrium

Rucolasalat med pistacienødder

Forberedelsestid: 20 minutter

Madlavningstid: 0 minutter

Portioner: 6

Sværhedsgrad: Let

Ingredienser:

- 6 kopper kål, hakket kål
- ¼ kop olivenolie
- 2 spsk frisk citronsaft
- ½ tsk røget paprika
- 2 kopper rucola
- 1/3 kop pistacienødder, usaltede og afskallede
- 6 spsk revet parmesan

Rutevejledning:

Tag en salatskål og bland olie, citron, røget paprika og grønkål sammen. Masser forsigtigt bladene i et halvt minut. Din kål skal være godt dækket. Vend forsigtigt rucola og pistacienødder i ved servering.

Ernæring (pr. 100 g):150 kalorier 12 g fedt 8 g kulhydrater 5 g protein 637 mg natrium

Bygrisotto med parmesan

Forberedelsestid: 10 minutter

Madlavningstid: 20 minutter

Portioner: 6

Sværhedsgrad: Svært

Ingredienser:

- 1 kop gult løg, hakket
- 1 spsk olivenolie
- 4 kopper grøntsagsbouillon med lavt natriumindhold
- 2 kopper perlebyg, ukogt
- ½ kop tør hvidvin
- 1 kop parmesan, revet fint og delt
- havsalt og sort peber efter smag
- frisk purløg, hakket til servering
- citronbåde til servering

Rutevejledning:

Kom bouillonen i en gryde og bring det i kog ved middel varme. Tag en gryde ud og sæt den også over medium varme. Varm olien op inden du tilsætter løget. Kog i otte minutter under omrøring af og til. Tilsæt byggen og kog i yderligere to minutter. Tilsæt byggen og kog til den er ristet.

Hæld vinen i og kog i endnu et minut. Det meste af væsken skulle være fordampet, før du tilføjer en kop varm bouillon. Kog og rør i to minutter. Din væske skal absorberes. Tilsæt den resterende bouillon til kop og kog indtil hver kop er absorberet. Dette bør tage omkring to minutter hver gang.

Fjern fra varmen, tilsæt en halv kop ost og pynt med den resterende ost, purløg og citronbåde.

Ernæring (pr. 100 g):345 kalorier 7 g fedt 56 g kulhydrater 14 g protein 912 mg natrium

Skaldyr og avocado salat

Forberedelsestid: 10 minutter

Madlavningstid: 0 minutter

Portioner: 4

Sværhedsgrad: Let

Ingredienser:

- 2 pund. laks, kogt og skåret i skiver
- 2 pund. Kogte og hakkede rejer
- 1 kop avocado, hakket
- 1 kop mayonnaise
- 4 spiseskefulde frisk citronsaft
- 2 fed hvidløg
- 1 kop fløde
- havsalt og sort peber efter smag
- ½ rødløg, finthakket
- 1 kop agurk, hakket

Rutevejledning:

Start med at tage en skål og bland hvidløg, salt, peber, løg, mayonnaise, fløde og citronsaft,

Tag en anden skål og bland laks, rejer, agurk og avocado sammen.

Tilsæt mayonnaiseblandingen til rejerne og stil dem på køl i tyve minutter før servering.

Ernæring (pr. 100 g):394 kalorier 30 g fedt 3 g kulhydrater 27 g protein 815 mg natrium

Middelhavs rejesalat

Forberedelsestid: 40 minutter

Madlavningstid: 0 minutter

Portioner: 6

Sværhedsgrad: Let

Ingredienser:

- 1 pund sterling. rejer, renset og kogt
- 2 stilke selleri, frisk
- 1 løg
- 2 grønne løg
- 4 æg, kogt
- 3 kogte kartofler
- 3 spiseskefulde mayonnaise
- havsalt og sort peber efter smag

Rutevejledning:

Start med at skære kartoflerne i skiver og hak sellerien. Skær æggene i skiver og smag til. Bland alt sammen. Læg rejerne oven på æggene, og server derefter med spidskål og grønne løg.

Ernæring (pr. 100 g):207 kalorier 6 g fedt 15 g kulhydrater 17 g protein 664 mg natrium

Kikærtepastasalat

Forberedelsestid: 10 minutter

Madlavningstid: 15 minutter

Portioner: 6

Sværhedsgrad: Medium

Ingredienser:

- 2 spsk olivenolie
- 16 ounce rotelle pasta
- ½ kop saltede oliven, hakket
- 2 spsk frisk, hakket oregano
- 2 spsk frisk, hakket persille
- 1 grønt løg, hakket
- ¼ kop rødvinseddike
- 15 ounce dåse kikærter, drænet og skyllet
- ½ kop parmesan, revet
- havsalt og sort peber efter smag

Rutevejledning:

Kog vandet op og kog pastaen al dente og følg pakkens anvisninger. Dræn og skyl med koldt vand.

Tag en stegepande og varm olivenolien op ved middel varme. Tilsæt forårsløg, kikærter, persille, oregano og oliven. Reducer varmen og kog i yderligere tyve minutter. Lad denne blanding afkøle.

Bland kikærteblandingen med pastaen og tilsæt revet ost, salt, peber og eddike. Lad den køle af i fire timer eller natten over før servering.

Ernæring (pr. 100 g):424 kalorier 10 g fedt 69 g kulhydrater 16 g protein 714 mg natrium

Middelhavskage

Forberedelsestid: 10 minutter

Madlavningstid: 30 minutter

Portioner: 4

Sværhedsgrad: Medium

Ingredienser:

- 2 græskar
- 1 løg
- ¼ tsk havsalt
- 2 fed hvidløg
- 3 tsk olivenolie, delt
- 1 kg udbenet kyllingebryst
- 1 kop hurtigkogt byg
- 2 kopper vand
- ¼ tsk sort peber
- 1 tsk oregano
- ¼ tsk rød peberflager
- ½ tsk basilikum
- 2 italienske tomater
- ½ kop udstenede græske oliven
- 1 spsk frisk persille

Rutevejledning:

Start med at fjerne skindet fra kyllingen, og skær den derefter i
små stykker. Hak hvidløg og persille fint, og hak derefter oliven,

zucchini, tomater og løg. Tag en gryde og bring vandet i kog. Rør byggen i og lad det simre i otte til ti minutter.

Stop ilden. Lad sidde i fem minutter. Tag en pande og tilsæt to teskefulde olivenolie. Steg kyllingen, når den er varm, og tag den derefter af varmen. Kom løget i resten af olien. Tilsæt resten af ingredienserne og kog i yderligere tre til fem minutter. Serveres varm.

Ernæring (pr. 100 g):337 Kalorier 8,6 g Fedt 32,3 g Kulhydrater 31,7 g Protein 517 mg Natrium

Balsamico agurkesalat

Forberedelsestid: 15 minutter

Madlavningstid: 0 minutter

Portioner: 4

Sværhedsgrad: Let

Ingredienser:

- 2/3 stor engelsk agurk, halveret og skåret i skiver
- 2/3 mellemstor rødløg, halveret og skåret i tynde skiver
- 5 1/2 spsk balsamico vinaigrette
- 1 1/3 kop druetomater, skåret i halve
- 1/2 kop smuldret fedtfri fetaost

Rutevejledning:

I en stor skål kombineres agurker, tomater og løg. Tilsæt vinaigretten; kaste til dækning. Stil den på køl, tildækket, indtil den skal serveres. Rør osten i lige inden servering. Server med en hulske.

Ernæring (pr. 100 g):250 kalorier 12 g fedt 15 g kulhydrater 34 g protein 633 mg natrium

Kofta oksegryderet med agurkesalat

Forberedelsestid: 10 minutter

Madlavningstid: 15 minutter

Portioner: 2

Sværhedsgrad: Svært

Ingredienser:

- madlavningsspray
- 1/2 kilo hakket mørbrad
- 2 spsk plus 2 spsk hakket frisk fladbladet persille, delt
- 1 1/2 tsk hakket skrællet frisk Ingefær
- 1 tsk stødt koriander
- 2 spsk hakket frisk koriander
- 1/4 tsk salt
- 1/2 tsk stødt spidskommen
- 1/4 tsk stødt kanel
- 1 kop engelske agurker i tynde skiver
- 1 spsk riseddike
- 1/4 kop almindelig fedtfri græsk yoghurt
- 1 1/2 tsk frisk citronsaft
- 1/4 tsk friskkværnet sort peber
- 1 pita chip (6 tommer), skåret i kvarte

Rutevejledning:

Varm en stegepande op ved middel varme. Beklæd panden med madlavningsspray. Kombiner oksekød, 1/4 kop persille, koriander og de næste 5 ingredienser i en mellemstor skål. Del blandingen i 4 lige store dele og form hver til en 1/2 tomme tyk patty. Tilføj frikadeller til panden; kog på begge sider, indtil den er færdig.

Kombiner agurk og eddike i en mellemstor skål; smid godt sammen. Kombiner fedtfri yoghurt, de resterende 2 spsk persille, juice og peber i en lille skål; blandes med et piskeris. Placer 1 rulle og 1/2 kop agurkeblanding på hver af 4 ramekins. Top hvert tilbud med omkring 2 spiseskefulde yoghurtkrydderi. Server hver med 2 pitabrød.

Ernæring (pr. 100 g):116 kalorier 5 g fedt 11 g kulhydrater 28 g protein 642 mg natrium

Kyllingesalat med agurk og persillepesto

Forberedelsestid: 15 minutter

Madlavningstid: 5 minutter

Portioner: 8

Sværhedsgrad: Let

Ingredienser:

- 2 2/3 kopper friske fladbladede persilleblade
- 1 1/3 kop frisk babyspinat
- 1 1/2 spsk ristede pinjekerner
- 1 1/2 spsk revet parmesan
- 2 1/2 spsk frisk citronsaft
- 1 1/3 tsk kosher salt
- 1/3 tsk sort peber
- 1 1/3 mellemstore fed hvidløg, knust
- 2/3 kop ekstra jomfru olivenolie
- 5 1/3 kopper strimlet stegt kylling (fra 1 kylling)
- 2 2/3 kopper kogt afskallet edamame
- 1 1/2 dåse (15 oz) usaltede kikærter, drænet og skyllet
- 1 1/3 kop hakkede engelske agurker
- 5 1/3 kopper pakket rucola

Rutevejledning:

Kom persille, spinat, citronsaft, pinjekerner, ost, hvidløg, salt og peber i en foodprocessor; proces i cirka 1 minut. Tilsæt olie, mens processoren kører; blend indtil glat, cirka 1 minut.

Kom kylling, edamame, kikærter og agurk i en stor skål. Tilsæt pestoen; bland for at kombinere.

Placer 2/3 kop rucola i hver af 6 skåle; top hver med 1 kop kyllingesalatblanding. Server straks.

Ernæring (pr. 100 g):116 kalorier 12 g fedt 3 g kulhydrater 9 g protein 663 mg natrium

Nem rucolasalat

Forberedelsestid: 15 minutter

Madlavningstid: 0 minutter

Portioner: 6

Sværhedsgrad: Let

Ingredienser:

- 6 kopper baby rucola blade, skyllet og tørret
- 1 1/2 dl cherrytomater, skåret i halve
- 6 spiseskefulde pinjekerner
- 3 spsk vindruekerneolie eller olivenolie
- 1 1/2 spsk riseddike
- 3/8 tsk friskkværnet sort peber efter smag
- 6 spsk revet parmesan
- 3/4 tsk salt efter smag
- 1 1/2 store avocadoer – skrællet, udstenet og skåret i skiver

Rutevejledning:

Tilsæt rucola, cherrytomater, pinjekerner, olie, eddike og parmesan i en stor plastskål med låg. Smag til med salt og peber efter smag. Dæk til og pres for at blande.

Fordel salaten på porcelænet og pynt med avocadoskiver.

Ernæring (pr. 100 g):120 kalorier 12 g fedt 14 g kulhydrater 25 g protein 736 mg natrium

Feta kikærtesalat

Forberedelsestid: 10 minutter

Madlavningstid: 0 minutter

Portioner: 6

Sværhedsgrad: Let

Ingredienser:

- 1 1/2 dåse (15 ounce) kikærter
- 1 1/2 dåse (2-1/4 ounce) skivede modne oliven, drænet
- 1 1/2 mellemstore tomater
- 6 spsk hakket rødløg
- 2 1/4 kopper 1-1/2 engelske agurker, groft hakket
- 6 spsk hakket frisk persille
- 4 1/2 spsk olivenolie
- 3/8 tsk salt
- 1 1/2 spsk citronsaft
- 3/16 tsk peber
- 7 1/2 kopper blandet grøn salat
- 3/4 kop revet fetaost

Rutevejledning:

Læg alle ingredienser i en stor skål; bland for at kombinere. Tilsæt parmesan.

Ernæring (pr. 100 g):140 kalorier 16 g fedt 10 g kulhydrater 24 g protein 817 mg natrium

Græske skåle med brune og vilde ris

Forberedelsestid: 15 minutter

Madlavningstid: 5 minutter

Portioner: 4

Sværhedsgrad: Let

Ingredienser:

- 2 pakker (8 1/2 ounce) klar til at spise fuldkornsblanding af brune og vilde ris
- 1 mellemmoden avocado, skrællet og skåret i skiver
- 1 1/2 dl cherrytomater, skåret i halve
- 1/2 kop græsk dressing, delt
- 1/2 kop revet fetaost
- 1/2 kop græske oliven uden sten, skåret i skiver
- hakket frisk persille, valgfrit

Rutevejledning:

Kombiner kornblanding og 2 spsk dressing i en skål, der tåler mikrobølgeovn. Dæk til og kog over høj varme, indtil det er opvarmet, cirka 2 minutter. Fordel mellem 2 skåle. Lækkert med avocado, røde grøntsager, ost, oliven, sovsrester og evt persille.

Ernæring (pr. 100 g):116 kalorier 10 g fedt 9 g kulhydrater 26 g protein 607 mg natrium

Græsk salat til aftensmad

Forberedelsestid: 10 minutter

Madlavningstid: 0 minutter

Portioner: 4

Sværhedsgrad: Let

Ingredienser:

- 2 1/2 spsk grofthakket frisk persille
- 2 spsk grofthakket frisk dild
- 2 teskefulde frisk citronsaft
- 2/3 tsk tørret oregano
- 2 teskefulde ekstra jomfru olivenolie
- 4 kopper strimlet romainesalat
- 2/3 kop hakket rødløg
- 1/2 kop revet fetaost
- 2 kopper hakkede tomater
- 2 teskefulde kapers
- 2/3 skrællet agurk, delt i kvarte på langs og skåret i tynde skiver
- 2/3 (19 ounce) dåse kikærter, drænet og skyllet
- 4 hele hvede pita chips, skåret i 8 skiver hver

Rutevejledning:

Bland de første 5 stoffer i en stor skål; blandes med et piskeris.

Tilføj et medlem af salatfamilien og de næste 6 ingredienser (grønt til kikærter); smid godt sammen Server med pitabrød.

Ernæring (pr. 100 g):103 kalorier 12 g fedt 8 g kulhydrater 36 g protein 813 mg natrium

Helleflyndersalat med citronfennikel

Forberedelsestid: 15 minutter

Madlavningstid: 5 minutter

Portioner: 2

Sværhedsgrad: Medium

Ingredienser:

- 1/2 tsk stødt koriander
- 1/4 tsk salt
- 1/8 tsk friskkværnet sort peber
- 2 1/2 tsk ekstra jomfru olivenolie, delt
- 1/4 tsk stødt spidskommen
- 1 fed hvidløg, hakket
- 2 helleflynderfileter (6 ounce).
- 1 kop fennikel pære
- 2 spsk rødløg, fint skåret lodret
- 1 spsk frisk citronsaft
- 1 1/2 tsk hakket fladbladet persille
- 1/2 tsk friske timianblade

Rutevejledning:

Bland de første 4 stoffer i en skål. Kombiner 1/2 tsk krydderiblanding, 2 tsk olie og hvidløg i en lille skål; gnid fed hvidløgsblandingen jævnt over fisken. Opvarm 1 tsk olie i en stor nonstick-gryde over medium-høj varme. Tilføj fisk til panden; steg 5 minutter på hver side eller indtil den er færdig.

Kombiner de resterende 3/4 tsk krydderiblanding, de resterende 2 tsk olie, fennikelløg og de resterende ingredienser i en mellemstor skål, og vend godt til belægning. Giv en skaldyrssalat.

Ernæring (pr. 100 g):110 kalorier 9 g fedt 11 g kulhydrater 29 g protein 558 mg natrium

Krydret græsk kyllingesalat

Forberedelsestid: 10 minutter

Madlavningstid: Ti minutter

Portioner: 2

Sværhedsgrad: Medium

Ingredienser:

- 1/2 tsk tørret oregano
- 1/4 tsk hvidløgspulver
- 3/8 tsk sort peber, delt
- madlavningsspray
- 1/2 pund skindfri, udbenet kyllingebryst, skåret i 1-tommers terninger
- 1/4 tsk salt, delt
- 1/2 kop almindelig fedtfri yoghurt
- 1 tsk tahini (sesamfrøpasta)
- 2 1/2 tsk. frisk citronsaft
- 1/2 tsk hakket hvidløg fra flasken
- 4 kopper hakket romainesalat
- 1/2 kop skrællede engelske agurker
- 1/2 kop druetomater, skåret i halve
- 3 udstenede kalamata-oliven, skåret i halve
- 2 spsk (1 ounce) smuldret fetaost

Rutevejledning:

Bland oregano, naturligt hvidløgspulver, 1/2 tsk peber og 1/4 tsk salt i en skål. Varm en slip-let pande op over medium varme. Beklæd panden med madlavningsspray. Tilføj kombinationen af fjerkræ og krydderier; kog indtil fjerkræ er klar. Dryp med 1 tsk juice; blande. Fjern fra panden.

Kombiner de resterende 2 tsk juice, resterende 1/4 tsk natrium, resterende 1/4 tsk peber, yoghurt, tahin og hvidløg i en lille skål; Bland godt. Bland medlemmer af salatfamilien, agurker, tomater og oliven sammen. Placer 2 1/2 kopper af salatblandingen på hver af 4 tallerkener. Top hver servering med en kombination af 1/2 kop kylling og 1 tsk ost. Top hver portion med 3 spsk af yoghurtblandingen

Ernæring (pr. 100 g):116 kalorier 11 g fedt 15 g kulhydrater 28 g protein 634 mg natrium

Græsk couscous salat

Forberedelsestid: 10 minutter

Madlavningstid: 15 minutter

Portioner: 10

Sværhedsgrad: Let

Ingredienser:

- 1 dåse (14-1/2 ounce) kyllingebouillon med lavt natriumindhold
- 1 1/2 kopper 1-3/4 ubehandlet fuldkorns couscous (ca. 11 ounces)
- <u>Bandage:</u>
- 6 1/2 spsk olivenolie
- 1 1/4 tsk 1-1/2 revet citronskal
- 3 1/2 spsk citronsaft
- 13/16 spsk adobo krydderi
- 3/16 tsk salt
- <u>Salat:</u>
- 1 2/3 kopper vindruetomater, skåret i halve
- 5/6 engelske agurker, halveret på langs og skåret i skiver
- 3/4 kop grofthakket frisk persille
- 1 dåse (6-1/2 ounce) skåret modne oliven, drænet
- 6 1/2 spsk smuldret fetaost
- 3 1/3 grønne løg, hakket

Rutevejledning:

Bring bouillonen i kog i en stor gryde. Tilsæt couscousen. Fjern fra ilden; lad det sidde, tildækket, indtil bouillonen er absorberet, cirka 5 minutter. Overfør til en god størrelse fad; afkøles helt.

Bland ingredienserne til dressingen. Tilsæt agurk, tomatblade, persille, oliven og grønne løg til couscous; rør vinaigrette i. Kom forsigtigt osten i. Server straks eller stil på køl og server med is.

Ernæring (pr. 100 g):114 kalorier 13 g fedt 18 g kulhydrater 27 g protein 811 mg natrium

Denver bagt omelet

Forberedelsestid: 10 minutter

Madlavningstid: 30 minutter

Portioner: 4

Sværhedsgrad: Medium

Ingredienser:

- 2 spsk smør
- 1/2 løg, hakket
- 1/2 grøn peber, finthakket
- 1 kop hakket kogt skinke
- 8 æg
- 1/4 kop mælk
- 1/2 kop revet cheddarost og kværnet sort peber efter smag

Rutevejledning:

Forvarm ovnen til 200 grader C (400 grader F). Smør en 10 cm rund form.

Smelt smørret ved middel varme; kog og rør løg og peber, indtil det er blødt, cirka 5 minutter. Rør skinken i og fortsæt med at koge, indtil den er gennemvarmet, 5 minutter.

Pisk æg og mælk i en stor skål. Rør cheddar- og skinkeblandingen i; Smag til med salt og sort peber. Hæld blandingen i en bageplade. Bages i cirka 25 minutter. Den serveres varm.

Ernæring (pr. 100 g):345 Kalorier 26,8 g Fedt 3,6 g Kulhydrater 22,4 g Protein 712 mg Natrium

Pølse pande

Forberedelsestid: 25 minutter

Madlavningstid: 60 minutter

Portioner: 12

Sværhedsgrad: Medium

Ingredienser:

- 1 kilo salvie morgenmadspølse,
- 3 kopper revne kartofler, drænet og saftet
- 1/4 kop smeltet smør,
- 12 ounces revet blød cheddarost
- 1/2 kop løg, revet
- 1 lille beholder hytteost
- 6 kæmpe æg

Rutevejledning:

Sæt ovnen på 190°C. Smør let en 9 x 13 tommer firkantet pande.

Læg pølserne i en stor stegepande. Steg ved middel varme indtil glat. Dræn, smuldr og reserver.

Bland de revne kartofler og smør i den tilberedte bageform. Dæk bunden og siderne af skålen med blandingen. I en skål kombineres pølse, cheddar, løg, hytteost og æg. Hæld kartoffelblandingen over. Lad det modne.

Lad afkøle i 5 minutter før servering.

Ernæring (pr. 100 g):355 Kalorier 26,3 g Fedt 7,9 g Kulhydrater 21,6 g Protein 755 mg Natrium.

Grillede marinerede rejer

Forberedelsestid: 30 minutter

Madlavningstid: 60 minutter

Portioner: 6

Sværhedsgrad: Let

Ingredienser:

- 1 kop olivenolie,
- 1/4 kop hakket frisk persille
- 1 presset citron
- 3 fed hvidløg, finthakket
- 1 spiseskefuld tomatpure
- 2 teskefulde tørret oregano,
- 1 tsk salt
- 2 spsk varm pebersauce
- 1 tsk kværnet sort peber,
- 2 kilo rejer, renset og haler fjernet

Rutevejledning:

Kom olivenolie, persille, citronsaft, varm sauce, hvidløg, tomatpure, oregano, salt og sort peber i en skål. Reserver en lille mængde til filetering senere. Fyld en stor genlukkelig plastikpose med marinade og rejer. Dæk til og lad afkøle i 2 timer.

Forvarm grillen til medium varme. Læg rejerne på spyddene, prik en gang i halen og en gang i hovedet. Kassér marinaden.

Smør grillen let. Kog rejer 5 minutter på hver side eller indtil de er uigennemsigtige, og dryp ofte med reserveret marinade.

Ernæring (pr. 100 g):447 kalorier 37,5 g fedt 3,7 g kulhydrater 25,3 g protein 800 mg natrium

Æg og pølsegryde

Forberedelsestid: 20 minutter

Madlavningstid: 1 time 10 minutter

Portioner: 12

Sværhedsgrad: Medium

Ingredienser:

- 3/4 pund svinepølser, fint hakkede
- 1 spiseskefuld smør
- 4 grønne løg, hakket
- 1/2 kg friske svampe
- 10 sammenpisket æg
- 1 beholder (16 gram) fedtfattig hytteost
- 1 pund Monterey Jack ost, revet
- 2 dåser grøn peber, skåret i tern og afdryppet
- 1 kop mel, 1 tsk bagepulver
- 1/2 tsk salt
- 1/3 kop smeltet smør

Rutevejledning:

Læg pølserne i en gryde. Steg ved middel varme indtil glat. Dræn og reserver. Smelt smør i en gryde, kog og rør grønne løg og champignon møre.

Bland æg, hytteost, Monterey Jack ost og peberfrugt i en stor skål. Bland pølse, grønne løg og svampe. Dæk til og stil på køl natten over.

Indstil ovnen til 175°C (350°F). Smør let en 9x13-tommer bradepande.

Sigt mel, bagepulver og salt i en skål. Tilsæt det smeltede smør. Tilsæt melblandingen til æggeblandingen. Hæld i forberedt bageform. Bages indtil let brunet. Lad stå 10 minutter før servering.

Ernæring (pr. 100 g):408 kalorier 28,7 g fedt 12,4 g kulhydrater 25,2 g protein 1.095 mg natrium

Bagte omeletfirkanter

Forberedelsestid: 15 minutter

Madlavningstid: 30 minutter

Portioner: 8

Sværhedsgrad: Let

Ingredienser:

- 1/4 kop smør
- 1 lille løg, hakket
- 1 1/2 dl revet cheddarost
- 1 dåse champignon i skiver
- 1 dåse skinke kogt med sorte oliven (valgfrit)
- jalapeno peber skiver (valgfrit)
- 12 røræg
- 1/2 kop mælk
- salt og peber efter smag

Rutevejledning:

Forvarm ovnen til 205°C (400°F). Smør en 9x13-tommer bageform.

Smelt smørret i en stegepande ved middel varme og svits løget, indtil det er blødt.

Læg cheddarosten i bunden af den tilberedte bradepande. Top med svampe, oliven, stegte løg, skinke og jalapenopeber. Bland æggene i en skål med mælk, salt og peber. Hæld æggeblandingen over ingredienserne, men bland ikke.

Bages i den forvarmede ovn uden låg, indtil midten ikke længere er flydende, og toppen er let brunet. Lad afkøle lidt, skær i firkanter og server.

Ernæring (pr. 100 g):344 kalorier 27,3 g fedt 7,2 g kulhydrater 17,9 g protein 1.087 mg natrium

Hårdt æg

Forberedelsestid: 5 minutter

Madlavningstid: 15 minutter

Portioner: 8

Sværhedsgrad: Let

Ingredienser:

- 1 spiseskefuld salt
- 1/4 kop destilleret hvid eddike
- 6 kopper vand
- 8 æg

Rutevejledning:

Kom salt, eddike og vand i en stor gryde og bring det i kog ved høj varme. Tilsæt æggene et efter et, pas på ikke at knække dem. Reducer varmen, bring det i kog og kog i 14 minutter.

Fjern æggene fra det varme vand og læg dem i en beholder fyldt med isvand eller koldt vand. Afkøl helt, cirka 15 minutter.

Ernæring (pr. 100 g):72 kalorier 5 g fedt 0,4 g kulhydrater 6,3 g protein 947 mg natrium

Sojasauce glaserede svampe

Forberedelsestid: 5 minutter

Madlavningstid: Ti minutter

Portioner: 2

Sværhedsgrad: Medium

Ingredienser:

- 2 spsk smør
- 1 pakke (8 ounce) skivede hvide svampe
- 2 fed hvidløg, hakket
- 2 teskefulde sojasovs
- kværnet sort peber efter smag

Rutevejledning:

Varm smør i en stegepande over medium varme; bland svampe; kog og rør, indtil svampene er møre og frigivet, cirka 5 minutter. Rør hvidløg i; fortsæt med at lave mad og rør i 1 minut. Hæld sojasovsen i; kog svampe i sojasovs, indtil væsken fordamper, cirka 4 minutter.

Ernæring (pr. 100 g):135 kalorier 11,9 g fedt 5,4 g kulhydrater

Pepperoni æg

Forberedelsestid: 10 minutter

Madlavningstid: 20 minutter

Portioner: 2

Sværhedsgrad: Medium

Ingredienser:

- 1 kop æggeerstatning
- 1 æg
- 3 grønne løg, hakket
- 8 skiver pepperoni i tern
- 1/2 tsk hvidløgspulver
- 1 tsk smeltet smør
- 1/4 kop revet Romano ost
- salt og kværnet sort peber efter smag

Rutevejledning:

Bland æg-erstatning, æg, grønne løg, pepperoni-skiver og hvidløgspulver i en skål.

Kog smørret i en slip-let pande ved lav varme; Tilsæt æggeblandingen, dæk gryden og kog i 10 til 15 minutter. Dryp æggene med Romano og krydr med salt og peber.

Ernæring (pr. 100 g):266 kalorier 16,2 g fedt 3,7 g kulhydrater 25,3 g protein 586 mg natrium

Æggekager

Forberedelsestid: 15 minutter

Madlavningstid: 20 minutter

Portioner: 6

Sværhedsgrad: Medium

Ingredienser:

- 1 pakke bacon (12 ounces)
- 6 æg
- 2 spsk mælk
- 1/4 tsk salt
- 1/4 tsk stødt sort peber
- 1 kop smeltet smør
- 1/4 tsk. tør persille
- 1/2 kop skinke
- 1/4 kop mozzarellaost
- 6 skiver Gouda

Rutevejledning:

Forvarm ovnen til 175°C (350°F). Kog baconen ved middel varme, indtil den begynder at brune. Tør baconskiverne med køkkenrulle.

Læg baconstrimlerne i de 6 kopper på muffinformen, der ikke klæber. Skær det resterende bacon i skiver og læg det i bunden af hver kop.

Bland æg, mælk, smør, persille, salt og peber. Tilsæt skinke og mozzarella.

Fyld glassene med æggeblandingen; top med Gouda ost.

Bages i den forvarmede ovn, indtil Gouda-osten er smeltet og æggene er møre, cirka 15 minutter.

Ernæring (pr. 100 g):310 Kalorier 22,9 g Fedt 2,1 g Kulhydrater 23,1 g Protein 988 mg Natrium.

Dinosaur æg

Forberedelsestid: 20 minutter

Madlavningstid: 15 minutter

Portioner: 4

Sværhedsgrad: Svært

Ingredienser:

- Sennepssauce:
- 1/4 kop grov sennep
- 1/4 kop græsk yoghurt
- 1 tsk hvidløgspulver
- 1 knivspids cayennepeber
- Æg:
- 2 sammenpisket æg
- 2 kopper kartoffelmos
- 4 hårdkogte æg, pillede
- 1 dåse (15 oz) HORMEL® Mary Kitchen® Hakket oksekødsæske
- 2 liter vegetabilsk olie til stegning

Rutevejledning:

Bland fuldkornssennep, græsk yoghurt, hvidløgspulver og cayennepeber i en lille skål, indtil det er glat.

Kom de 2 sammenpiskede æg i en lidt dyb skål; læg kartoffelflagerne i en separat lav skål.

Del det hakkede kød i 4 portioner. Form oksekødet omkring hvert æg, indtil det er helt dækket.

Dyp indpakkede æg i sammenpisket æg og pensl med kartoffelmos, indtil de er dækket.

Fyld en stor stegepande med olie og opvarm til 190°C (375°F).

Læg 2 æg i varm olie og steg i 3-5 minutter, indtil de er gyldenbrune. Fjern med en ske og læg på en tallerken beklædt med sugende papir. Gentag med de resterende 2 æg.

Skær på langs og server med sennepssauce.

Ernæring (pr. 100 g):784 kalorier 63,2 g fedt 34 g kulhydrater

Dild og tomat Frittata

Forberedelsestid: 10 minutter

Madlavningstid: 35 minutter

Portioner: 6

Sværhedsgrad: Medium

Ingredienser:

- Peber og salt efter smag
- 1 tsk rød peberflager
- 2 fed hvidløg, hakket
- ½ kop revet gedeost - valgfrit
- 2 spsk hakket frisk purløg
- 2 spsk frisk dild, finthakket
- 4 tomater, i tern
- 8 sammenpisket æg
- 1 tsk kokosolie

Rutevejledning:

Smør en 9-tommer rund pande og forvarm ovnen til 325 ° F.

I en stor skål blandes alle ingredienser godt og hældes i den forberedte gryde.

Sæt i ovnen og bag indtil midten er sat, cirka 30 til 35 minutter.

Tag ud af ovnen og pynt med purløg og dild.

Ernæring (pr. 100 g):149 kalorier 10,28 g fedt 9,93 g kulhydrater 13,26 g protein 523 mg natrium

Paleo Banan Mandel Pandekager

Forberedelsestid: 10 minutter

Madlavningstid: Ti minutter

Portioner: 3

Sværhedsgrad: Medium

Ingredienser:

- ¼ kop mandelmel
- ½ tsk stødt kanel
- 3 æg
- 1 banan, moset
- 1 spsk mandelsmør
- 1 tsk vaniljeekstrakt
- 1 tsk olivenolie
- Banan skåret i skiver til servering

Rutevejledning:

Pisk æg i en skål, indtil de er skummende. Mos bananen med en gaffel i en anden skål og tilsæt den til æggeblandingen. Tilsæt vanilje, mandelsmør, kanel og mandelmel. Bland indtil du får en fin pasta. Varm olivenolien op i en gryde. Tilsæt en skefuld dej og steg på begge sider.

Fortsæt disse trin, indtil du er færdig med al dejen.

Før servering lægges et par skiver banan ovenpå.

Ernæring (pr. 100 g):306 kalorier 26 g fedt 3,6 g kulhydrater 14,4 g protein 588 mg natrium

Zucchini med æg

Forberedelsestid: 5 minutter

Madlavningstid: Ti minutter

Portioner: 2

Sværhedsgrad: Let

Ingredienser:

- 1 1/2 spsk olivenolie
- 2 store græskar, skåret i store stykker
- salt og kværnet sort peber efter smag
- 2 store æg
- 1 tsk vand, eller efter ønske

Rutevejledning:

Varm olie i en stegepande over medium varme; kog squashen møre, cirka 10 minutter. Krydr zucchinien godt.

Pisk æggene med en gaffel i en skål. Hæld vandet i og pisk til det er godt blandet. Hæld æggene over zucchinien; kog og rør, indtil blandingen er glat og ikke længere flydende, ca. 5 minutter. Krydr græskar og æg godt.

Ernæring (pr. 100 g):213 kalorier 15,7 g fedt 11,2 g kulhydrater 10,2 g protein 180 mg natrium

Amish Cheese morgenmadsmad

Forberedelsestid: 10 minutter

Madlavningstid: 50 minutter

Portioner: 12

Sværhedsgrad: Let

Ingredienser:

- 1 kilo hakket bacon i tern
- 1 sødt løg, hakket
- 4 kopper revet frosne kartofler, optøet
- 9 let pisket æg
- 2 kopper revet cheddarost
- 1 1/2 dl hytteost
- 1 1/4 kop revet schweizerost

Rutevejledning:

Forvarm ovnen til 175°C (350°F). Smør en 9x13-tommer bageform.

Varm en stor stegepande op over medium varme; kog og rør bacon og løg, indtil bacon er jævnt brunet, cirka 10 minutter. læk Bland kartofler, æg, cheddar, hytteost og schweizerost. Hæld blandingen i den forberedte bageform.

Bag indtil æggene er sat og osten er smeltet, 45 til 50 minutter. Stil til side i 10 minutter før udskæring og servering.

Ernæring (pr. 100 g):314 kalorier 22,8 g fedt 12,1 g kulhydrater 21,7 g protein 609 mg natrium

Roquefort salat

Forberedelsestid: 20 minutter

Madlavningstid: 25 minutter

Portioner: 6

Sværhedsgrad: Let

Ingredienser:

- 1 salatblad, revet i små stykker
- 3 pærer - skrællet, skrællet og hakket
- 5 ounce Roquefort ost, revet
- 1/2 kop hakket grønne løg
- 1 avocado – skrællet, udstenet og skåret i tern
- 1/4 kop hvidt sukker
- 1/2 kop pekannødder
- 1 1/2 tsk hvidt sukker
- 1/3 kop olivenolie,
- 3 spiseskefulde rødvinseddike,
- 1 1/2 tsk forberedt sennep,
- 1 fed hakket hvidløg,
- 1/2 tsk friskkværnet sort peber

Rutevejledning:

Bland 1/4 kop sukker med pekannødder i en stegepande over medium varme. Fortsæt med at røre forsigtigt, indtil sukker og pekannødder er smeltet. Læg forsigtigt nødderne på det voksede papir. Sæt til side og riv i stykker.

Dressing blanding af olie, eddike, 1 1/2 tsk sukker, sennep, hakket hvidløg, salt og peber.

I en stor skål kombineres salat, pærer, blåskimmelost, avocado og grønne løg. Hæld dressingen over salaten, drys med pekannødder og server.

Ernæring (pr. 100 g):426 kalorier 31,6 g fedt 33,1 g kulhydrater 8 g protein 654 mg natrium

Ris med vermicelli

Forberedelsestid: 5 minutter

Madlavningstid: 45 minutter

Portioner: 6

Sværhedsgrad: Let

Ingredienser:

- 2 kopper kortkornet ris
- 3½ kopper vand, plus mere til skylning og iblødsætning af risene
- ¼ kop olivenolie
- 1 kop knust vermicelli pasta
- Snavset

Rutevejledning:

Udblød risene under koldt vand, indtil vandet er klart. Kom risene i en skål, dæk med vand og lad dem trække i 10 minutter. Dræn og reserver. Varm olivenolien op i en medium gryde ved middel varme.

Rør vermicelli i og kog under konstant omrøring i 2 til 3 minutter, indtil de er gyldenbrune.

Tilsæt risene og kog i 1 minut under omrøring, så risene er godt belagt med olie. Bland vandet og en knivspids salt og bring væsken i kog. Juster varmen og lad det simre i 20 minutter. Tag den af varmen og lad den hvile i 10 minutter. Rør rundt med en gaffel og server.

Ernæring (pr. 100 g):346 kalorier 9 g totalt fedt 60 g kulhydrater 2 g protein 0,9 mg natrium

Bønner og ris

Forberedelsestid: 10 minutter

Madlavningstid: 35 minutter

Portioner: 4

Sværhedsgrad: Let

Ingredienser:

- ¼ kop olivenolie
- 4 kopper friske bønner, afskallede
- 4½ kopper vand, plus mere til at dræne
- 2 kopper basmatiris
- 1/8 tsk salt
- 1/8 tsk friskkværnet sort peber
- 2 spsk stegte pinjekerner
- ½ kop hakket frisk purløg med frisk hvidløg eller løg

Rutevejledning:

Fyld gryden med olivenolie og kog over medium varme. Tilsæt bønnerne og drys med lidt vand, så de ikke brænder på eller klistrer. Kog i 10 minutter.

Bland forsigtigt risene. Tilsæt vand, salt og peber. Tænd varmen og kog blandingen. Juster varmen og lad koge i 15 minutter.

Tag den af varmen og lad den hvile i 10 minutter inden servering. Overfør til et serveringsfad og drys med ristede pinjekerner og purløg.

Ernæring (pr. 100 g):587 kalorier 17 g totalt fedt 97 g
kulhydrater 2 g protein 0,6 mg natrium

Smørede bønner

Forberedelsestid: 30 minutter

Madlavningstid: 15 minutter

Portioner: 4

Sværhedsgrad: Let

Ingredienser:

- ½ kop grøntsagsbouillon
- 4 kilo skrællede bønner
- ¼ kop frisk estragon, delt
- 1 tsk friskhakket timian
- ¼ tsk friskkværnet sort peber
- 1/8 tsk salt
- 2 spsk smør
- 1 fed hvidløg, hakket
- 2 spsk hakket frisk persille

Rutevejledning:

Bring grøntsagsfonden i kog i en lille gryde ved middel varme. Tilsæt bønnerne, 2 spsk estragon, timian, salt og peber. Kog indtil maven næsten er absorberet og bønnerne er møre.

Bland smør, hvidløg og de resterende 2 spsk estragon sammen. Kog i 2-3 minutter. Drys med persille og server varm.

Ernæring (pr. 100 g):458 kalorier 9 g fedt 81 g kulhydrater 37 g protein 691 mg natrium

Freekeh

Forberedelsestid: 10 minutter

Madlavningstid: 40 minutter

Portioner: 4

Sværhedsgrad: Let

Ingredienser:

- 4 spiseskefulde ghee
- 1 løg, hakket
- 3½ dl grøntsagsbouillon
- 1 tsk stødt allehånde
- 2 kopper freekeh
- 2 spsk stegte pinjekerner

Rutevejledning:

Smelt ghee i en kraftig stegepande over medium varme. Rør løget i og steg under konstant omrøring i cirka 5 minutter, indtil løget bliver gyldenbrunt. Hæld grøntsagsfonden i, tilsæt allehånde og bring det i kog. Rør freekeh i og bring blandingen i kog igen. Reducer varmen og lad det simre i 30 minutter under omrøring af og til. Læg freekeh i en serveringsskål og pynt med ristede pinjekerner.

Ernæring (pr. 100 g):459 kalorier 18 g fedt 64 g kulhydrater 10 g protein 692 mg natrium

Stegte riskugler med tomatsauce

Forberedelsestid: 15 minutter

Madlavningstid: 20 minutter

Portioner: 8

Sværhedsgrad: Svært

Ingredienser:

- 1 kop brødkrummer

- 2 kopper kogt risotto

- 2 store æg, delt

- ¼ kop friskrevet parmesan

- 8 små kugler frisk mozzarella eller 1 blok (4 tommer) frisk mozzarella, skåret i 8 stykker

- 2 spsk vand

- 1 kop majsolie

- 1 kop grundlæggende eller købt tomat-basilikumsauce

Rutevejledning:

Læg brødkrummerne i en lille skål og stil til side. I en mellemstor skål kombineres risottoen, 1 æg og parmesan. Del risottoblandingen i 8 stykker. Placer på en ren arbejdsflade og flad hvert stykke.

Læg 1 kugle mozzarella på hver flade risskive. Luk risene rundt om mozzarellaen til en kugle. Gentag dette, indtil du har brugt alle kuglerne. I samme miljø, nu skålen er tom, pisk det resterende æg og vand i. Dyp hver tilberedte risottokugle i æggevask og rul dem i brødkrummer. Læg til side.

Varm majsolien op i en gryde ved høj varme. Drop forsigtigt risottokuglerne i den varme olie og steg i 5-8 minutter, indtil de er gyldenbrune. Rør dem om nødvendigt, så hele overfladen er kogt. Brug en hulske til at lægge de stegte kugler på køkkenrulle til afdrypning.

Opvarm tomatsaucen i en mellemstor gryde ved middel varme i 5 minutter, rør af og til, og server den varme sauce sammen med riskuglerne.

Ernæring (pr. 100 g):255 kalorier 15 g fedt 16 g kulhydrater 2 g protein 669 mg natrium

spanske ris

Forberedelsestid: 10 minutter

Madlavningstid: 35 minutter

Portioner: 4

Sværhedsgrad: Medium

Ingredienser:

- ¼ kop olivenolie
- 1 lille løg, finthakket
- 1 rød peberfrugt, uden kerner og i tern
- 1½ dl hvide ris
- 1 tsk sød paprika
- ½ tsk stødt spidskommen
- ½ tsk stødt koriander
- 1 fed hvidløg, hakket
- 3 spiseskefulde tomatpure
- 3 kopper grøntsagssuppe
- 1/8 tsk salt

Rutevejledning:

Varm olivenolien op i en stor, kraftig stegepande over medium varme. Rør løg og rød peber i. Kog i 5 minutter eller indtil de er møre. Tilsæt ris, paprika, spidskommen og koriander og kog i 2 minutter under jævnlig omrøring.

Tilsæt hvidløg, tomatpuré, grøntsagsfond og salt. Bland godt og krydr evt. Bring blandingen i kog. Reducer varmen og lad det simre i 20 minutter.

Reservér 5 minutter før servering.

Ernæring (pr. 100 g):414 kalorier 14 g fedt 63 g kulhydrater 2 g protein 664 mg natrium

Zucchini med ris og tzatziki

Forberedelsestid: 20 minutter

Madlavningstid: 35 minutter

Portioner: 4

Sværhedsgrad: Medium

Ingredienser:

- ¼ kop olivenolie
- 1 løg, hakket
- 3 zucchini i tern
- 1 kop grøntsagsbouillon
- ½ kop friskhakket dild
- Snavset
- Friskkværnet sort peber
- 1 kop kortkornet ris
- 2 spsk pinjekerner
- 1 kop Tzatziki sauce, naturel eller købt yoghurt

Rutevejledning:

Varm olien op i en tykbundet stegepande ved middel varme. Rør løget i, reducer varmen til medium og steg i 5 minutter. Tilsæt zucchinien og kog i yderligere 2 minutter.

Rør grøntsagsfond og dild i og smag til med salt og peber. Reducer varmen til medium og bring blandingen i kog.

Tilsæt risene og bring blandingen i kog igen. Reducer varmen til meget lav, dæk gryden og kog i 15 minutter. Fjern fra varmen og lad sidde i 10 minutter. Kom risene over i en serveringsskål, drys med pinjekerner og server med tzatziki-saucen.

Ernæring (pr. 100 g):414 kalorier 17 g fedt 57 g kulhydrater 5 g protein 591 mg natrium

Cannellini bønner med rosmarin-hvidløg Aioli

Forberedelsestid: 10 minutter

Madlavningstid: Ti minutter

Portioner: 4

Sværhedsgrad: Let

Ingredienser:

- 4 kopper kogte cannellini bønner
- 4 kopper vand
- ½ tsk salt
- 3 spiseskefulde olivenolie
- 2 spsk hakket frisk rosmarin
- ½ kop hvidløgsaioli
- ¼ tsk friskkværnet sort peber

Rutevejledning:

Kom cannellinibønner, vand og salt i en medium gryde ved middel varme. Bring i kog. Kog i 5 minutter. læk Varm olivenolien op i en stegepande ved middel varme.

Tilsæt bønnerne. Rør rosmarin og aioli i. Reducer varmen til medium og kog under omrøring lige for at varme igennem. Smag til med peber og server.

Ernæring (pr. 100 g):545 kalorier 36 g fedt 42 g kulhydrater 14 g protein 608 mg natrium

Juvelbelagte ris

Forberedelsestid: 15 minutter

Madlavningstid: 30 minutter

Portioner: 6

Sværhedsgrad: Svært

Ingredienser:

- ½ kop olivenolie, delt
- 1 løg, finthakket
- 1 fed hvidløg, hakket
- ½ tsk hakket skrællet frisk ingefær
- 4½ kopper vand
- 1 tsk salt, delt, plus mere evt
- 1 tsk stødt gurkemeje
- 2 kopper basmatiris
- 1 kop friske søde ærter
- 2 gulerødder, skrællet og skåret i 1-tommers terninger
- ½ kop tørrede blåbær
- Revet skal af en appelsin
- 1/8 tsk cayennepeber
- ¼ kop mandler i flager, ristede

Rutevejledning:

Varm ¼ kop olivenolie i en stor stegepande. Tilsæt løget og svits i 4 minutter. Hvidløg og ingefær frugter.

Bland vandet, ¾ tsk salt og gurkemeje. Bring blandingen i kog. Tilsæt risene og bring blandingen i kog igen. Smag bouillonen til og smag evt til med mere salt. Reducer varmen og kog i 15 minutter. Stop ilden. Lad risene stå tildækket på varmen i 10 minutter. I mellemtiden, i en mellemstor stegepande eller sauterpande over medium varme, opvarm den resterende 1/4 kop olivenolie. Tilsæt ærter og gulerødder. Kog i 5 minutter.

Rør tranebær og appelsinskal i. Drys med resterende salt og cayennepeber. Kog 1 til 2 minutter. Læg risene på et fad. Drys med ærter og gulerødder og drys med stegte mandler.

Ernæring (pr. 100 g):460 kalorier 19 g fedt 65 g kulhydrater 4 g protein 810 mg natrium

Asparges Risotto

Forberedelsestid: 15 minutter

Madlavningstid: 30 minutter

Portioner: 4

Sværhedsgrad: Svært

Ingredienser:

- 5 kopper grøntsagsbouillon, delt
- 3 spsk usaltet smør, delt
- 1 spsk olivenolie
- 1 lille løg, hakket
- 1½ dl arborio ris
- 1 pund friske asparges, enderne trimmet, skåret i 1-tommers stykker, enderne adskilt
- ¼ kop friskrevet parmesan

Rutevejledning:

Kog grøntsagssuppen ved middel varme. Reducer varmen til lav og lad simre. Bland 2 spsk smør med olivenolie. Tilsæt løg og steg i 2 til 3 minutter.

Tilsæt risene og bland med en træske under omrøring i 1 minut, indtil kornene er godt belagt med smør og olie.

Rør ½ kop varm bouillon i. Kog og rør, indtil bouillonen er helt absorberet. Tilsæt asparges og endnu en halv kop bouillon. Kog og rør af og til. Fortsæt med at tilføje bouillon, ½ kop ad gangen, og

kog indtil det er helt absorberet, når du tilføjer den næste ½ kop.
Rør jævnligt for at undgå at klæbe. Risene skal være kogte, men
stadig faste.

Tilsæt aspargesspydene, den resterende 1 spsk smør og parmesan.
Rør kraftigt for at kombinere. Fjern fra varmen, drys med
yderligere parmesan, hvis det ønskes, og server straks.

Ernæring (pr. 100 g):434 kalorier 14 g fedt 67 g kulhydrater 6 g
protein 517 mg natrium

Quinoa pizza muffins

Forberedelsestid: 15 minutter

Madlavningstid: 30 minutter

Portioner: 4

Sværhedsgrad: Let

Ingredienser:

- 1 kop rå quinoa
- 2 store æg
- ½ mellemstort løg, hakket
- 1 kop peberfrugt i tern
- 1 kop revet mozzarellaost
- 1 spsk tørret basilikum
- 1 spsk tørret oregano
- 2 spsk hvidløgspulver
- 1/8 tsk salt
- 1 tsk stødt rød peber
- ½ kop ristet rød peber, hakket*
- Pizzasauce, omkring 1 til 2 kopper

Rutevejledning:

Forvarm ovnen til 350°F. Kog quinoaen efter anvisningen. Bland alle ingredienser (undtagen sauce) i en skål. Bland alle ingredienserne godt sammen.

Hæld quinoapizzablandingen jævnt i muffinsformen. Giver 12 muffins. Bages i 30 minutter, indtil muffinsene er gyldenbrune og kanterne er sprøde.

Dryp med 1 eller 2 spsk pizzasauce og nyd!

Ernæring (pr. 100 g):303 kalorier 6,1 g fedt 41,3 g kulhydrater 21 g protein 694 mg natrium

Rosmarin nøddebrød

Forberedelsestid: 5 minutter

Madlavningstid: 45 minutter

Portioner: 8

Sværhedsgrad: Svært

Ingredienser:

- ½ kop hakkede valnødder
- 4 spsk frisk rosmarin, hakket
- 1 1/3 kop lunkent brusende vand
- 1 skefuld honning
- ½ kop ekstra jomfru olivenolie
- 1 tsk æblecidereddike
- 3 æg
- 5 teskefulde instant tørgærgranulat
- 1 tsk salt
- 1 spsk xanthangummi
- ¼ kop pulveriseret kærnemælk
- 1 kop hvidt rismel
- 1 kop tapiokastivelse
- 1 kop pilrodsstivelse
- 1 ¼ kopper Bob's Red Mill glutenfri all-purpose melblanding

Rutevejledning:

Pisk æg godt sammen i en stor skål. Tilsæt 1 kop varmt vand, honning, olivenolie og eddike.

Pisk konstant og tilsæt resten af ingredienserne undtagen rosmarin og valnødder.

Bliv ved med at slå. Hvis dejen er for hård, blandes den med lidt varmt vand. Dejen skal være grov og tyk.

Tilsæt derefter rosmarin og valnødder og fortsæt med at ælte, indtil det er jævnt fordelt.

Dæk skålen med dejen med et rent viskestykke, stil den et lunt sted og lad hæve i 30 minutter.

Femten minutter efter hævetiden begynder, forvarm ovnen til 400°F.

Beklæd generøst en 2-liters ildfast fad med olivenolie og forvarm ovnen uden låg.

Når dejen er færdighævet, tages gryden ud af ovnen og dejen lægges indeni. Med en våd spatel fordeles toppen af dejen jævnt i gryden.

Pensl brødformene med 2 spsk olivenolie, dæk gryderetten til og bag dem i 35 til 45 minutter. Når brødet er stegt, tages det ud af ovnen. Og fjern forsigtigt brødet fra panden. Lad brødet afkøle i mindst ti minutter, før det skæres i skiver. Server og nyd.

Ernæring (pr. 100 g):424 kalorier 19 g fedt 56,8 g kulhydrater 7 g protein 844 mg natrium

Lækker krabbepanini

Forberedelsestid: 5 minutter

Madlavningstid: Ti minutter

Portioner: 4

Sværhedsgrad: Let

Ingredienser:

- 1 spsk olivenolie
- Baguette delt og skåret diagonalt
- 1 kilo rejekrabbe
- ½ kop selleri
- ¼ kop hakket grønt løg
- 1 tsk Worcestershire sauce
- 1 tsk citronsaft
- 1 spsk dijonsennep
- ½ kop lys mayonnaise

Rutevejledning:

I en mellemstor skål piskes følgende sammen: selleri, løg, Worcestershire, citronsaft, sennep og mayonnaise. Smag til med salt og peber. Tilsæt derefter forsigtigt mandler og krabber.

Pensl de afskårne sider af brødet med olivenolie og fordel krabbeblandingen ovenpå, inden du topper med endnu en skive brød.

Grill sandwichen i en paninipresse, indtil brødet er sprødt og sprødt.

Ernæring (pr. 100 g):248 kalorier 10,9 g fedt 12 g kulhydrater 24,5 g protein 845 mg natrium

Perfekte pizzaer og kager

Forberedelsestid: 35 minutter

Madlavningstid: 15 minutter

Portioner: 10

Sværhedsgrad: Svært

Ingredienser:

- <u>Til pizzadejen:</u>
- 2 spiseskefulde honning
- 1/4 ounce. aktiv tørgær
- 11/4 kopper varmt vand (ca. 120°F)
- 2 spsk olivenolie
- 1 tsk havsalt
- 3 kopper fuldkornshvedemel + 1/4 kop, hvis det er nødvendigt til rulning
- <u>Til pizzatoppen:</u>
- 1 kop pesto sauce
- 1 kop artiskokhjerter
- 1 kop visne spinatblade
- 1 kop soltørrede tomater
- 1/2 kop Kalamata oliven
- 4 oz. Feta ost
- 4 oz. ost blandet med lige dele fedtfattig mozzarella, asiago og provolone Olivenolie

- <u>Valgfrit tilbehør til pynt:</u>

- peber

- Kyllingefilet, strimler Frisk basilikum

- pinjekerner

Rutevejledning:

Til pizzadejen:

Forvarm ovnen til 350°F.

Kombiner honning og gær med det varme vand i en foodprocessor udstyret med en dejtilbehør. Rør blandingen, indtil den er fuldstændig kombineret. Lad blandingen hvile i 5 minutter for at sikre gærens aktivitet ved at der kommer luftbobler på overfladen.

Hæld olivenolien i. Tilsæt saltet og bland i et halvt minut. Tilsæt gradvist 3 kopper mel, cirka 1/2 kop ad gangen, og bland i et par minutter mellem hver tilsætning.

Lad røremaskinen ælte blandingen i 10 minutter, indtil den er glat og elastisk, drys eventuelt med mel for at forhindre, at dejen klistrer til røreskålens overflader.

Fjern dejen fra skålen. Lad sidde i 15 minutter, dækket med et varmt, fugtigt håndklæde.

Rul dejen ud til en halv tomme tykkelse og drys eventuelt med mel. Prik dejen tilfældigt med en gaffel for at undgå, at skorpen bobler.

Læg den perforerede dej, fordelt ud på en pizzasten eller bageplade. Bages i 5 minutter.

Til pizzatoppen:

Pensl let den kogte pizzabund med olivenolie.

Hæld pestosaucen ovenpå og fordel jævnt over overfladen af pizzabunden, så der er en tomme plads rundt om kanten til skorpen.

Top pizzaen med artiskokhjerter, visne spinatblade, soltørrede tomater og oliven. (Top med flere toppings, hvis det ønskes.) Top med ost.

Læg pizzaen direkte på ovnristen. Bag i 10 minutter, indtil osten er boblende og smeltet fra midten til slutningen. Lad pizzaen køle af i 5 minutter, inden den skæres i skiver.

Ernæring (pr. 100 g):242,8 kalorier 15,1 g fedt 15,7 g kulhydrater 14,1 g protein 942 mg natrium

Margherita middelhavsmodel

Forberedelsestid: 15 minutter

Madlavningstid: 15 minutter

Portioner: 10

Sværhedsgrad: Svært

Ingredienser:

- Pizzadej med 1 parti
- 2 spsk olivenolie
- 1/2 kop knuste tomater
- 3 Roma tomater, skåret 1/4 tomme tykke
- 1/2 kop friske basilikumblade, skåret i tynde skiver
- 6 oz. blok mozzarella, skåret i 1/4-tommers skiver, tørret med køkkenrulle
- 1/2 tsk havsalt

Rutevejledning:

Forvarm ovnen til 450°F.

Pensl pizzabunden let med olivenolie. Fordel de knuste tomater jævnt over pizzabunden, og efterlad en tomme plads rundt om kanten til skorpen.

Top pizzaen med Roma tomatskiver, basilikumblade og mozzarellaskiver. Drys salt på pizzaen.

Læg pizzaen direkte på ovnristen. Bag indtil osten smelter fra midten til skorpen. Reservér til udskæring.

Ernæring (pr. 100 g):251 kalorier 8 g fedt 34 g kulhydrater 9 g protein 844 mg natrium

Bærbare Pakkede Picnic-stykker

Forberedelsestid: 5 minutter

Madlavningstid: 0 minutter

Portioner: 1

Sværhedsgrad: Let

Ingredienser:

- 1 skive fuldkornsbrød, skåret i små stykker
- 10 cherrytomater
- 1/4 ounce. moden ost, skåret i skiver
- 6 stykker rene oliven med olie

Rutevejledning:

Pak hver ingrediens i en bærbar beholder til en snack på farten.

Ernæring (pr. 100 g):197 kalorier 9 g fedt 22 g kulhydrater 7 g protein 499 mg natrium

Frittata fyldt med krydret zucchini og tomatpynt

Forberedelsestid: 10 minutter

Madlavningstid: 15 minutter

Portioner: 4

Sværhedsgrad: Let

Ingredienser:

- 8 stykker æg
- 1/4 tsk stødt rød peber
- 1/4 tsk salt
- 1 spsk olivenolie
- 1 lille zucchini, skåret i tynde skiver på langs
- 1/2 kop røde eller gule cherrytomater, skåret i halve
- 1/3 kop valnødder, groft hakket
- 2 oz. friske mozzarellakugler i mundrette størrelser (bocconcini)

Rutevejledning:

Forvarm grillen. Pisk i mellemtiden æg, stødt rød peber og salt sammen i en mellemstor skål. Læg til side.

Opvarm olivenolien i en 10-tommer grillsikker stegepande over medium-høj varme. Læg zucchiniskiverne i et jævnt lag i bunden af gryden. Brun i 3 minutter, vend én gang halvvejs gennem tilberedningen.

Dæk zucchinilaget med cherrytomater. Hæld æggeblandingen over grøntsagerne i gryden. Pynt med nødder og mozzarellakugler.

Vend til medium varme. Kog indtil siderne begynder at sætte sig. Løft frittataen med en spatel, så de ukogte dele af æggeblandingen synker nedenunder.

Sæt panden på grillen. Steg frittataen ved 10 cm varme i 5 minutter, indtil toppen stivner. Før servering skæres frittataen 1 skiver.

Ernæring (pr. 100 g):284 kalorier 14 g fedt 4 g kulhydrater 17 g protein 788 mg natrium

creme fraiche bananbrød

Forberedelsestid: 10 minutter

Madlavningstid: 1 time 10 minutter

Portioner: 32

Sværhedsgrad: Medium

Ingredienser:

- hvidt sukker (0,25 kop)

- Kanel (1 tsk + 2 tsk)

- Smør (0,75)

- hvidt sukker (3 kopper)

- Æg (3)

- Modne bananer, mosede (6)

- Fløde (16 oz beholder)

- Vaniljeekstrakt (2 teskefulde)

- Salt (0,5 tsk)

- bagepulver (3 teskefulde)

- All-purpose mel (4,5 kopper)

- Valgfrit: hakkede nødder (1 kop)

- Også nødvendigt: 4 til 7 tommer gange 3 tommer brødforme

Rutevejledning:

Indstil ovnen til 300°F. Smør brødformene.

Sigt sukker og en teskefuld kanel i. Drys gryden med blandingen.

Fløde smørret med det resterende sukker. Mos bananerne med æg, kanel, vanilje, fløde, salt, bagepulver og mel. Smid til sidst nødderne i.

Hæld blandingen i formene. Kog det i en time. tjene

Ernæring (pr. 100 g):263 kalorier 10,4 g fedt 9 g kulhydrater 3,7 g protein 633 mg natrium

Hjemmelavet pitabrød

Forberedelsestid: 15 minutter

Madlavningstid: 5 timer (inklusive køretider)

Portioner: 7

Sværhedsgrad: Svært

Ingredienser:

- Tørgær (0,25 oz)
- sukker (0,5 tsk)
- Brødmel/fuldkornshvede og fuldkornsblanding (2,5 kopper og mere til bagning)
- Salt (0,5 tsk)
- Vand (0,25 kop eller efter behov)
- Olie evt

Rutevejledning:

Opløs gær og sukker i en kop varmt vand i en lille skål. Vent ca. 15 minutter (klar, når den er skummende).

Sigt mel og salt i en anden beholder. Lav en brønd i midten og tilsæt gærblandingen (+) en kop vand. Ælt dejen.

Læg på en let meldrysset overflade og ælt.

Kom en dråbe olie i bunden af en stor skål og fordel dejen, så den dækker overfladen.

Læg et fugtigt håndklæde over skålen med dej. Pak skålen ind i et fugtigt klæde og stil den et lunt sted i mindst to timer eller natten over. (Dejen fordobles i volumen).

Skær dejen ud, ælt brødet og del det i små kugler. Flad kuglerne ud til tykke ovale skiver.

Støv et klæde med mel og læg de ovale skiver på det, så der er tilstrækkelig plads mellem skiverne. Drys med mel og læg endnu et rent klæde ovenpå. Lad hæve i endnu en time eller to.

Indstil ovnen til 425 ° Fahrenheit. Sæt flere bageplader i ovnen for at varme dem kort. Smør de forvarmede bageplader let og læg de ovale brødskiver på dem.

Sprøjt ovalerne let med vand og bag dem, indtil de er let brunede eller i seks til otte minutter.

Server dem lune. Læg brødene på en rist og pak dem ind i et rent, tørt klæde for at holde dem bløde til senere.

Ernæring (pr. 100 g):210 kalorier 4 g fedt 6 g kulhydrater 6 g protein 881 mg natrium

Brød sandwich

Forberedelsestid: 10 minutter

Madlavningstid: 20 minutter

Portioner: 6

Sværhedsgrad: Let

Ingredienser:

- Olivenolie (1 spsk)

- 7-korns pilaf (8,5 oz pakke)

- Engelsk agurk uden frø (1 kop)

- tomater med frø (1 kop)

- Revet fetaost (0,25 kop)

- Frisk citronsaft (2 spsk)

- Friskkværnet sort peber (0,25 tsk)

- Almindelig hummus (7 oz beholder)

- Hvide fuldkornswraps (3 til 2,8 oz hver)

Rutevejledning:

Kog pilafen efter pakkens anvisning og lad den køle af.

Hak og bland tomat, agurk, ost, olie, peber og citronsaft. Fold pilaf.

Afslut wraps med hummus ved siden af. Den lægges i pilaf og foldes sammen.

Skær i sandwich og server.

Ernæring (pr. 100 g):310 kalorier 9 g fedt 8 g kulhydrater 10 g protein 745 mg natrium

Mezze Tallerken Med Grillet Zaatar Pitabrød

Forberedelsestid: 10 minutter

Madlavningstid: Ti minutter

Portioner: 4

Sværhedsgrad: Medium

Ingredienser:

- Fuld hvede pitabrød (4)
- Olivenolie (4 spsk)
- Zaatar (4 teskefulde)
- græsk yoghurt (1 kop)
- Sort peber og kosher salt (valgfrit)
- Hummus (1 kop)
- Marinerede artiskokhjerter (1 kop)
- Assorterede oliven (2 kopper)
- Skåret rød peberfrugt (1 kop)
- Cherrytomater (2 kopper)
- Salami (4 ounce)

Rutevejledning:

Brug indstillingen mellem varme til at opvarme en stor stegepande.

Pensl pitabrødet let med olie på hver side og tilsæt zaatar til krydderier.

Forbered i portioner ved at tilføje pita til en pande og steg, indtil de er gyldenbrune. Dette tager cirka to minutter på hver side. Skær hvert af pitabrødene i kvarte.

Smag yoghurten til med salt og peber.

For at samle, del kartoflerne og tilsæt hummus, yoghurt, artiskokhjerter, oliven, rød peberfrugt, tomater og salami.

Ernæring (pr. 100 g):731 kalorier 48 g fedt 10 g kulhydrater 26 g protein 632 mg natrium

Mini kylling shawarma

Forberedelsestid: 10 minutter

Madlavningstid: 1 time og 15 minutter

Portioner: 8

Sværhedsgrad: Let

Ingredienser:

- <u>Kyllingen:</u>
- Kyllingefilet (1 lb)
- Olivenolie (0,25 kop)
- Citron - skal og saft (1)
- Spidskommen (1 teskefuld)
- Hvidløgspulver (2 teskefulde)
- Røget paprika (0,5 tsk)
- Koriander (0,75 tsk)
- friskkværnet sort peber (1 tsk)
- <u>Saucen:</u>
- Græsk yoghurt (1,25 kopper)
- Citronsaft (1 spsk)
- revet fed hvidløg (1)
- Friskhakket dild (2 spsk)
- Sort peber (0,125 tsk/efter smag)
- kosher salt (dit valg)
- Friskhakket persille (0,25 kop)
- Rødløg (halvdelen af 1)

- Rumænsk grøn salat (4 blade)
- Engelsk agurk (halvdelen af 1)
- tomater (2)
- Mini pitas (16)

Rutevejledning:

Læg kyllingen i en lynlåspose. Pisk kyllingeunderlårene og kom dem i posen for at marinere i op til en time.

Tilbered saucen ved at blande juice, hvidløg og yoghurt i en skål. Bland dild, persille, salt og peber. Stil i køleskabet.

Varm en stegepande op ved middel varme. Fjern kyllingen fra marinaden (lad det overskydende dryppe af).

Kog indtil de er gennemstegte eller cirka fire minutter på hver side. Skær den i små strimler.

Skær agurk og løg i tynde skiver. Skær salaten og skær tomaterne i stykker. Pres og tilsæt kylling, salat, løg, tomat og agurk til pitaen.

Ernæring (pr. 100 g):216 kalorier 16 g fedt 9 g kulhydrater 9 g protein 745 mg natrium

Aubergine pizza

Forberedelsestid: 10 minutter

Madlavningstid: 30 minutter

Portioner: 6

Sværhedsgrad: Medium

Ingredienser:

- aubergine (1 stor eller 2 mellemstore)
- Olivenolie (0,33 kop)
- Sort peber og salt (valgfrit)
- Marinara Sauce – købt i butikken/hjemmelavet (1,25 kopper)
- Revet mozzarellaost (1,5 kop)
- Cherrytomater (2 kopper - skåret i halve)
- revet basilikumblade (0,5 kop)

Rutevejledning:

Forvarm ovnen til 400 ° Fahrenheit. Forbered bagepladen med et lag bagepapir.

Skær enderne af auberginen og skær den i 1-tommers skiver. Læg skiverne på den forberedte bageplade og pensl begge sider med olivenolie. Drys med salt og peber efter smag.

Rist auberginerne, indtil de er kogte (10 til 12 minutter).

Tag bagepladen ud af ovnen og tilsæt to spiseskefulde sauce til hver portion. Top den med mozzarella og tre til fem tomatskiver.

Bag indtil osten smelter. Tomaterne skal begynde at dannes om cirka fem til syv minutter.

Tag fadet ud af ovnen. Server og pynt med basilikum.

Ernæring (pr. 100 g):257 kalorier 20 g fedt 11 g kulhydrater 8 g protein 789 mg natrium

Komplet middelhavspizza

Forberedelsestid: 10 minutter

Madlavningstid: 25 minutter

Portioner: 4

Sværhedsgrad: Let

Ingredienser:

- Fuld hvede pizzabund (1)
- Basilikumpesto (4 oz krukke)
- Artiskokhjerter (0,5 kop)
- Kalamata oliven (2 spsk)
- Pepperoncini (2 spsk drænet)
- Fetaost (0,25 kop)

Rutevejledning:

Indstil ovnen til 450 ° Fahrenheit.

Dræn og riv artiskokken i stykker. Skær/hak pepperoncini og oliven.

Læg pizzabunden på en meldrysset bordplade og dæk med pesto. Fordel artiskokkerne, pepperoncini-skiverne og oliven på pizzaen. Til sidst smuldres og tilsættes fetaen.

Bages i 10 til 12 minutter. tjene.

Ernæring (pr. 100 g):277 Kalorier 18,6 g Fedt 8 g Kulhydrater 9,7 g Protein 841 mg Natrium

Spinat og feta bagt pita

Forberedelsestid: 5 minutter

Madlavningstid: 22 minutter

Portioner: 6

Sværhedsgrad: Svært

Ingredienser:

- Soltørret tomatpesto (6 oz krukke)
- Rom - italienske tomater (2 stykker)
- Fuld hvede pitabrød (seks 6-tommer)
- Spinat (1 bundt)
- Svampe (4 skiver)
- revet parmesan (2 spsk)
- Revet fetaost (0,5 kop)
- Olivenolie (3 spsk)
- Sort peber (valgfrit)

Rutevejledning:

Indstil ovnen til 350 ° Fahrenheit.

Fordel pesto på den ene side af hver pita og læg på en bageplade (pestosiden opad).

Skyl og hak spinaten. Top pitabrødet med spinat, svampe, tomater, fetaost, peber, parmesan, peber og et skvæt olie.

Bages i en varm ovn til pitabrødene er sprøde (12 min.). Skær pitabrødet i kvarte.

Ernæring (pr. 100 g):350 kalorier 17,1 g fedt 9 g kulhydrater 11,6 g protein 712 mg natrium

Vandmelon, Feta og Balsamico Pizza

Forberedelsestid: 10 minutter

Madlavningstid: 15 minutter

Portioner: 4

Sværhedsgrad: Let

Ingredienser:

- Vandmelon (1 tomme tyk fra midten)
- smuldret fetaost (1 oz)
- Skiveskåret Kalamata oliven (5-6)
- mynteblade (1 tsk)
- Balsamico glasur (0,5 spsk)

Rutevejledning:

Skær den bredeste del af vandmelonen i halve. Skær derefter hver halvdel i fire skiver.

Anret på et rundt kagefad som en rund pizza og pynt med oliven, ost, mynteblade og glasur.

Ernæring (pr. 100 g):90 kalorier 3 g fedt 4 g kulhydrater 2 g protein 761 mg natrium

Mixed Spice Burger

Forberedelsestid: 10 minutter

Madlavningstid: 30 minutter

Portioner: 6

Sværhedsgrad: Medium

Ingredienser:

- medium løg (1)
- Frisk persille (3 spsk)
- hvidløgsfed (1)
- Malet allehånde (0,75 tsk)
- Peber (0,75 tsk)
- Kværnet muskatnød (0,25 tsk)
- Kanel (0,5 tsk)
- Salt (0,5 tsk)
- Frisk mynte (2 spsk)
- 90 % magert hakket oksekød (1,5 lbs)
- Valgfrit: Kold Tzatziki Sauce

Rutevejledning:

Hak persille, mynte, hvidløg og løg fint.

Bland muskatnød, salt, kanel, peber, allehånde, hvidløg, mynte, persille og løg.

Tilsæt oksekødet og form seks (6) 2 x 4 tommer aflange bøffer.

Brug indstillingen mellem varme til at grille frikadellerne eller grill dem i 6 minutter på hver side ved 10 cm varme.

Når du er færdig, vil et kødtermometer registrere 160 ° Fahrenheit. Server eventuelt med sauce.

Ernæring (pr. 100 g):231 kalorier 9 g fedt 10 g kulhydrater 32 g protein 811 mg natrium

Prosciutto - Salat - Tomat og avocado sandwich

Forberedelsestid: 10 minutter

Madlavningstid: Ti minutter

Portioner: 4

Sværhedsgrad: Let

Ingredienser:

- Prosciutto (2 oz/8 tynde skiver)
- moden avocado (1 skåret i halve)
- Rumænsk grøn salat (4 hele blade)
- Store modne tomater (1)
- Skiver fuldkorns- eller fuldkornsbrød (8)
- Sort peber og kosher salt (0,25 tsk)

Rutevejledning:

Riv salatbladene i otte stykker (i alt). Skær tomaten i otte skiver. Rist brødet og læg det på en tallerken.

Skrab avocadokødet fra skindet og kom det i en skål. Drys let med salt og peber. Mos eller mos avocadoen til den er cremet. Fordel over brødet.

Forbered en sandwich. Snup en skive avocado toast; dæk den med et salatblad, en skive prosciutto og en skive tomat. Top med endnu en skive tomatsalat og fortsæt.

Gentag processen indtil alle ingredienser er brugt op.

Ernæring (pr. 100 g):240 kalorier 9 g fedt 8 g kulhydrater 12 g protein 811 mg natrium

Spinat tærte

Forberedelsestid: 10 minutter

Madlavningstid: 60 minutter

Portioner: 6

Sværhedsgrad: Medium

Ingredienser:

- smeltet smør (0,5 kop)
- Frossen spinat (10 oz pakke)
- Frisk persille (0,5 kop)
- Grønt løg (0,5 kop)
- Frisk dild (0,5 kop)
- Revet fetaost (0,5 kop)
- Flødeost (4 ounce)
- Hytteost (4 oz)
- Parmesanost (2 spsk - revet)
- Store æg (2)
- Peber og salt (efter eget valg)
- wienerbrødsfilo (40 ark)

Rutevejledning:

Forvarm ovnen til 350 ° Fahrenheit.

Hak/hak løg, dild og persille. Optø spinaten og butterdejen. Tør spinaten ved at trykke den.

Blend spinat, grøn te, æg, ost, persille, dild, salt og peber i en blender, til det er cremet.

Forbered små trekanter af filodej ved at fylde dem med en teskefuld af spinatblandingen.

Smør let ydersiden af trekanterne og læg sømsiden nedad på en usmurt bageplade.

Bages i forvarmet ovn til de er gyldne og hævede (20-25 minutter). Serveres varm.

Ernæring (pr. 100 g):555 kalorier 21,3 g fedt 15 g kulhydrater 18,1 g protein 681 mg natrium

feta kylling burgere

Forberedelsestid: 10 minutter

Madlavningstid: 30 minutter

Portioner: 6

Sværhedsgrad: Medium

Ingredienser:

- ¼ kop fedtfattig mayonnaise
- ¼ kop finthakket agurk
- ¼ tsk sort peber
- 1 tsk hvidløgspulver
- ½ kop hakket ristet rød peber
- ½ tsk græsk krydderi
- 1,5 lbs. Mager malet kylling
- 1 kop revet fetaost
- 6 fuldkorns burgerboller

Rutevejledning:

Forvarm grillen i ovnen på forhånd. Bland mayonnaise og agurker. Læg til side.

Bland hver af krydderierne og rød peber til burgerne. Bland kylling og ost godt sammen. Form blandingen til 6 ½ tommer tykke bøffer.

Tilbered burgere på en grill og placer dem omkring fire centimeter fra varmekilden. Kog indtil termometeret når 165 ° Fahrenheit.

Server med boller og agurkesauce. Pynt med tomater og salat, hvis det ønskes og server.

Ernæring (pr. 100 g):356 kalorier 14 g fedt 10 g kulhydrater 31 g protein 691 mg natrium

Grillet flæsk til tacos

Forberedelsestid: 10 minutter

Madlavningstid: 1 time og 15 minutter

Portioner: 6

Sværhedsgrad: Medium

Ingredienser:

- Svinekødsbøf (4 lb)

- Grøn chilipeber i tern (2-4 oz dåser)

- Chilipulver (0,25 kop)

- tørret oregano (1 spsk)

- Tacokrydderi (1 tsk)

- Hvidløg (2 spsk)

- Salt (1,5 tsk eller dit valg)

Rutevejledning:

Indstil ovnen til 300 grader Fahrenheit.

Læg bøffen på et stort stykke folie.

Dræn peberfrugterne. Hak hvidløget fint.

Rør grøn peber, tacokrydderi, chilipulver, oregano og hvidløg i. Gnid blandingen på bøffen og dæk med et lag folie.

Læg det indpakkede svinekød på en rist over en bageplade for at fange eventuelle dryp.

Rist den i en varm ovn i 3,5-4 timer, til den falder fra hinanden. Kog indtil midten når mindst 145 ° Fahrenheit, når den testes med et kødtermometer (indvendig temperatur).

Overfør bøffen til en blok for at rive den i små stykker med to gafler. Krydr det efter din smag.

Ernæring (pr. 100 g):290 kalorier 17,6 g fedt 12 g kulhydrater 25,3 g protein 471 mg natrium

Italiensk æbletærte - olivenolie

Forberedelsestid: 10 minutter

Madlavningstid: 1 time 10 minutter

Portioner: 12

Sværhedsgrad: Medium

Ingredienser:

- Gallaæbler (2 store)
- Appelsinjuice - til iblødsætning af æbler
- universalmel (3 kopper)
- Malet kanel (0,5 tsk)
- Muskatnød (0,5 tsk)
- Bagepulver (1 tsk)
- bagepulver (1 tsk)
- sukker (1 kop)
- Olivenolie (1 kop)
- Store æg (2)
- Gyldne rosiner (0,66 kopper)
- Konfekturesukker - til drys
- Også påkrævet: en 9-tommers bageform

Rutevejledning:

Skræl og hak æblerne fint. Dryp æblerne med nok appelsinsaft til at forhindre dem i at brune.

Udblød rosinerne i lunkent vand i 15 minutter og dryp dem godt af.

Sigt bagepulver, mel, bagepulver, kanel og muskatnød sammen. Læg det til side for nu.

Hæld olivenolie og sukker i skålen med en røremaskine. Bland ved lav temperatur i 2 minutter eller indtil godt blandet.

Bland under kørslen, knæk æggene et efter et og fortsæt med at røre i yderligere 2 minutter. Blandingen skal øges i volumen; den skal være tyk og ikke flydende.

Bland alle ingredienserne godt sammen. Lav en brønd i midten af melblandingen og tilsæt oliven- og sukkerblandingen.

Fjern overskydende saft fra æblerne og dræn de udblødte rosiner. Tilsæt dem til dejen, bland godt.

Forbered bagepladen med bagepapir. Kom dejen over i gryden og glat den med bagsiden af en træske.

Bag den ved 350 ° Fahrenheit i 45 minutter.

Når den er klar, fjerner du kagen fra bagepapiret og lægger den i en serveringsskål. Drys med flormelis. Opvarm lidt sort honning for at dekorere toppen.

Ernæring (pr. 100 g):294 kalorier 11 g fedt 9 g kulhydrater 5,3 g protein 691 mg natrium

Hurtig Tilapia med rødløg og avocado

Forberedelsestid: 10 minutter

Madlavningstid: 5 minutter

Portioner: 4

Sværhedsgrad: Medium

Ingredienser:

- 1 spsk ekstra jomfru olivenolie
- 1 spsk friskpresset appelsinjuice
- ¼ tsk kosher eller havsalt
- 4 tilapiafileter (4 ounce), aflange snarere end firkantede, skrællede eller afskallede
- ¼ kop hakket rødløg
- 1 advokat

Rutevejledning:

Kombiner olie, appelsinjuice og salt i et 9-tommers glastærtefad. Arbejd fileterne på samme tid, læg hver enkelt i tærteformen og pensl på alle sider. Form fileterne i form af et vognhjul. Læg 1 spsk løg på hver filet og fold den ende af fileten, der hænger ud over kanten, på midten over løget. Når du er færdig, skal du have 4 foldede fileter med folden på yderkanten af fadet og enderne i midten.

Pak skålen ind i plastik, efterlad en lille åbning i kanten for at lade damp slippe ud. Mikroovn ved høj varme i cirka 3 minutter. Når den er klar, skal den skilles i flager (stykker), når den trykkes let med en gaffel. Pynt fileterne med avocado og server.

Ernæring (pr. 100 g):200 kalorier 3 g fedt 4 g kulhydrater 22 g protein 811 mg natrium

Grillet fisk med citroner

Forberedelsestid: 10 minutter

Madlavningstid: Ti minutter

Portioner: 4

Sværhedsgrad: Svært

Ingredienser:

- 4 fiskefileter (4 ounces).

- Madlavningsspray med non-stick belægning

- 3 til 4 mellemstore citroner

- 1 spsk ekstra jomfru olivenolie

- ¼ tsk friskkværnet sort peber

- ¼ tsk kosher eller havsalt

Rutevejledning:

Dup fileterne tørre med køkkenrulle og lad dem sidde ved stuetemperatur i 10 minutter. Beklæd i mellemtiden grillens kolde madlavningsstativ med nonstick-spray og forvarm grillen til 400°F eller medium varme.

Skær en citron i halve og reserver halvdelen. Skær den resterende halvdel af denne citron og de resterende citroner i 1-tommer tykke skiver. (Du skal have omkring 12 til 16 citronbåde.) I en lille skål, pres 1 spsk saft fra den reserverede citronhalvdel.

Tilsæt olien i skålen med citronsaft og bland godt. Pensl begge sider af fisken med olieblandingen og drys jævnt med salt og peber.

Læg forsigtigt citronskiverne på grillen (eller slagtekyllingen), læg 3-4 skiver sammen i en fiskefiletform og gentag med de resterende skiver. Læg fiskefileterne direkte på citronskiverne og grill med lukket låg. (Hvis du griller på komfuret, skal du dække med et stort låg eller folie.) Vend kun fisken halvvejs gennem tilberedningen, hvis fileterne er mere end en tomme tykke. Den er færdig, når den begynder at bryde i flager, når den trykkes let med en gaffel.

Ernæring (pr. 100 g):147 kalorier 5 g fedt 1 g kulhydrater 22 g protein 917 mg natrium

Fiskemiddag med klæde i løbet af ugen

Forberedelsestid: 10 minutter

Madlavningstid: Ti minutter

Portioner: 4

Sværhedsgrad: Medium

Ingredienser:

- Madlavningsspray med non-stick belægning
- 2 spsk ekstra jomfru olivenolie
- 1 spsk balsamicoeddike
- 4 (4 ounce) fiskefileter (½ tomme tykke)
- 2½ kopper grønne bønner
- 1 liter cherry- eller vindruetomater

Rutevejledning:

Forvarm ovnen til 400 ° F. Beklæd to store bageplader med kantede bageplader med nonstick-spray. I en lille skål piskes olie og eddike sammen. Læg til side. Arranger to stykker fisk på hver bageplade.

Kombiner bønner og tomater i en stor skål. Hæld olie og eddike i og bland forsigtigt. Hæld halvdelen af den grønne bønneblanding over fisken i den ene gryde og den resterende halvdel over fisken i den anden. Vend fisken og gnid olieblandingen til belægning.

Arranger grøntsagerne jævnt på bagepladene, så varm luft kan cirkulere rundt om dem.

Kog indtil fisken lige er uigennemsigtig. Den er klar, når den begynder at falde fra hinanden, når den prikkes let med en gaffel.

Ernæring (pr. 100 g): 193 kalorier 8 g fedt 3 g kulhydrater 23 g protein 811 mg natrium

Sprøde fiskepinde med polenta

Forberedelsestid: 10 minutter

Madlavningstid: 15 minutter

Portioner: 4

Sværhedsgrad: Svært

Ingredienser:

- 2 store æg, let pisket
- 1 spiseskefuld 2% mælk.
- 1 kg fiskefileter med skind, skåret i 20 strimler (1 tomme brede)
- ½ kop gul majsmel
- ½ kop fuldkorns panko brødkrummer
- ¼ tsk røget paprika
- ¼ tsk kosher eller havsalt
- ¼ tsk friskkværnet sort peber
- Madlavningsspray med non-stick belægning

Rutevejledning:

Sæt en stor bageplade i ovnen. Forvarm ovnen til 400°F med gryden indeni. Bland æg og mælk i en stor skål. Brug en gaffel, tilsæt fiskestrimlerne til æggeblandingen og vend forsigtigt til belægning.

Læg majsmel, rasp, paprika, salt og peber i en plastikpose med lynlås. Overfør fisken til posen med en gaffel eller tang, og lad overskydende ægvask dryppe ned i skålen, før den overføres. Luk tæt og ryst forsigtigt for at dække hver fiskepind helt.

Tag forsigtigt den varme bradepande ud af ovnen med ovnluffer og spray den med nonstick-spray. Brug en gaffel eller en tang til at tage fiskestængerne ud af posen og læg dem på den varme bageplade, så der er plads mellem dem, så varm luft kan cirkulere og gøre dem sprøde. Kog 5 til 8 minutter, indtil let tryk med en gaffel flager fisken, og server.

Ernæring (pr. 100 g):256 kalorier 6 g fedt 2 g kulhydrater 29 g protein 667 mg natrium

Laksepande middag

Forberedelsestid: 15 minutter

Madlavningstid: 15 minutter

Portioner: 4

Sværhedsgrad: Medium

Ingredienser:

- 1 spsk ekstra jomfru olivenolie
- 2 fed hvidløg, finthakket
- 1 tsk røget paprika
- 1 liter vindruer eller cherrytomater, skåret i kvarte
- 1 krukke (12 ounce) ristede røde peberfrugter
- 1 spsk vand
- ¼ tsk friskkværnet sort peber
- ¼ tsk kosher eller havsalt
- 1 kg skindfri laksefilet, skåret i 8 stykker
- 1 spsk friskpresset citronsaft (fra ½ medium citron)

Rutevejledning:

Varm olien op i en stegepande ved middel varme. Tilsæt hvidløg og røget paprika og steg i 1 minut under jævnlig omrøring. Bland tomater, ristede peberfrugter, vand, sort peber og salt. Reducer varmen til medium, bring det i kog, kog i 3 minutter og mos tomaterne mod slutningen af kogningen.

Læg laksen i gryden og dryp med lidt sauce. Dæk til og steg i 10 til 12 minutter (145 ° F ved hjælp af et kødtermometer), lige begyndt at brune.

Tag gryden af varmen og drys fisken med citronsaft. Tilsæt saucen og skær laksen i tern. tjene.

Ernæring (pr. 100 g):289 kalorier 13 g fedt 2 g kulhydrater 31 g protein 581 mg natrium

Toscanske tun- og zucchiniburgere

Forberedelsestid: 10 minutter

Madlavningstid: 30 minutter

Portioner: 4

Sværhedsgrad: Medium

Ingredienser:

- 3 skiver fuldkornssandwichbrød, ristet
- 2 dåser (5 ounce) tun i olivenolie
- 1 kop revet zucchini
- 1 stort æg, let pisket
- ¼ kop rød peber i tern
- 1 spsk tørret oregano
- 1 tsk citronskal
- ¼ tsk friskkværnet sort peber
- ¼ tsk kosher eller havsalt
- 1 spsk ekstra jomfru olivenolie
- Grøn salat eller 4 fuldkornsruller til servering (valgfrit)

Rutevejledning:

Smuldr ristet brød til brødkrummer med fingrene (eller brug en kniv til at skære i 1-tommers terninger), indtil du har 1 kop brødkrummer. Hæld krummerne i en stor skål. Tilsæt tun, zucchini, æg, paprika, oregano, citronskal, sort peber og salt. Bland godt med en gaffel. Fordel blandingen i fire små brød (halv kop størrelse). Placer på en tallerken og flad hver patty til omkring ¾ tomme tykkelse.

Varm olien op i en stegepande ved middel varme. Tilsæt frikadellerne til den varme olie, og reducer derefter varmen til lav. Steg frikadellerne i 5 minutter, vend dem med en spatel og steg i yderligere 5 minutter. Nyd som den er eller server med en grøn salat eller fuldkornssandwich.

Ernæring (pr. 100 g):191 kalorier 10 g fedt 2 g kulhydrater 15 g protein 661 mg natrium

Siciliansk kål og tun skål

Forberedelsestid: 15 minutter

Madlavningstid: 15 minutter

Portioner: 6

Sværhedsgrad: Medium

Ingredienser:

- 1 kilo grønkål

- 3 spiseskefulde ekstra jomfru olivenolie

- 1 kop hakket løg

- 3 fed hvidløg, hakket

- 1 dåse (2,25 ounce) skivede oliven, drænet

- ¼ kop kapers

- ¼ tsk rød peber

- 2 teskefulde sukker

- 2 dåser (6 ounce) tun i olivenolie

- 1 dåse (15 ounce) cannellini bønner

- ¼ tsk malet sort peber

- ¼ tsk kosher eller havsalt

Rutevejledning:

Kog tre fjerdedele vand i en gryde. Tilsæt kålen og kog i 2 minutter. Før kålen gennem et dørslag og stil den til side.

Stil den tomme gryde på komfuret over medium varme og tilsæt olien. Tilsæt løget og steg i 4 minutter under konstant omrøring.

Tilsæt hvidløg og steg i 1 minut. Pynt med oliven, kapers og stødt rød peber og kog 1 minut. Til sidst tilsættes den delvist kogte kål og sukker under omrøring, indtil kålen er helt belagt med olie. Luk gryden og kog i 8 minutter.

Tag kålen af varmen, tilsæt tun, bønner, salt og peber og server.

Ernæring (pr. 100 g):265 kalorier 12 g fedt 7 g kulhydrater 16 g protein 715 mg natrium

Middelhavs torskegryderet

Forberedelsestid: 10 minutter

Madlavningstid: 20 minutter

Portioner: 6

Sværhedsgrad: Medium

Ingredienser:

- 2 spsk ekstra jomfru olivenolie
- 2 kopper hakket løg
- 2 fed hvidløg, hakket
- ¾ tsk røget paprika
- 1 dåse (14,5 ounce) uskrællede tomater i tern
- 1 krukke (12 ounce) ristede røde peberfrugter
- 1 kop skåret grønne eller sorte oliven
- 1/3 kop tør rødvin
- ¼ tsk friskkværnet sort peber
- ¼ tsk kosher eller havsalt
- 1½ kg torskefileter, skåret i 1 tomme stykker
- 3 kopper skivede svampe

Rutevejledning:

Kog olien op i en gryde. Tilsæt løget og steg i 4 minutter under omrøring af og til. Tilsæt hvidløg og røget paprika og steg i 1 minut under jævnlig omrøring.

Kombiner tomaterne med deres saft, ristede peberfrugter, oliven, vin, salt og peber og reducer varmen til medium. Bring i kog. Tilsæt torsk og svampe og skru ned for varmen.

Kog i cirka 10 minutter, under omrøring af og til, indtil torsken er kogt og flager let, og server derefter.

Ernæring (pr. 100 g):220 kalorier 8 g fedt 3 g kulhydrater 28 g protein 583 mg natrium

Dampede muslinger med hvidvinssauce

Forberedelsestid: 5 minutter

Madlavningstid: Ti minutter

Portioner: 4

Sværhedsgrad: Svært

Ingredienser:

- 2 kg små muslinger
- 1 spsk ekstra jomfru olivenolie
- 1 kop hakket rødløg
- 3 fed hvidløg, skåret i skiver
- 1 kop tør hvidvin
- 2 citronskiver (¼ tomme tykke)
- ¼ tsk friskkværnet sort peber
- ¼ tsk kosher eller havsalt
- Friske citronbåde til servering (valgfrit)

Rutevejledning:

I et stort dørslag sat i vasken køres koldt vand over muslingerne (men lad ikke muslingerne sidde i stillestående vand). Alle skaller skal være tæt lukkede; kassér alle skind, der er lidt åbne eller revnede. Lad muslingerne blive i dørslaget, indtil de skal bruges.

Varm olien op i en stor gryde. Tilsæt løget og steg i 4 minutter under omrøring af og til. Tilsæt hvidløg og steg i 1 minut under konstant omrøring. Tilsæt vin, citronskiver, salt og peber og bring det i kog. Kog i 2 minutter.

Tilsæt muslingerne og læg låg på. Kog indtil muslingerne åbner deres skaller. Ryst forsigtigt gryden to eller tre gange under tilberedningen.

Alle skaller skulle nu være vidt åbne. Kassér de stadig lukkede muslinger med en hulske. Læg de åbnede muslinger i et lavvandet serveringsfad og hæld bouillon over dem. Server med ekstra friske limebåde, hvis det ønskes.

Ernæring (pr. 100 g):222 kalorier 7 g fedt 1 g kulhydrater 18 g protein 708 mg natrium

Appelsin og hvidløg rejer

Forberedelsestid: 20 minutter

Madlavningstid: Ti minutter

Portioner: 6

Sværhedsgrad: Svært

Ingredienser:

- 1 stor appelsin
- 3 spsk ekstra jomfru olivenolie, delt
- 1 spsk friskhakket rosmarin
- 1 spsk friskhakket timian
- 3 fed hvidløg, hakket (ca. 1½ tsk)
- ¼ tsk friskkværnet sort peber
- ¼ tsk kosher eller havsalt
- 1½ pund friske rå rejer, skaller og haler fjernet

Rutevejledning:

Riv hele appelsinen med et citrus rivejern. Bland appelsinskal og 2 spsk olie med rosmarin, timian, hvidløg, salt og peber. Rør rejerne i, forsegl posen, og massér forsigtigt rejerne, indtil alle ingredienser er kombineret, og rejerne er helt belagt med krydderier. Læg til side.

Opvarm en grill, stegepande eller stor stegepande over medium varme. Pensl eller smid med resterende 1 spsk olie. Tilsæt halvdelen af rejerne og kog i 4 til 6 minutter, eller indtil rejerne bliver lyserøde og hvide, vend halvvejs gennem tilberedningen, hvis de grilles, eller omrør hvert minut, hvis de steges på panden. Overfør rejer til en stor serveringsskål. Gentag og læg dem i skålen.

Mens rejerne koger, skræller du appelsinen og skærer kødet i små stykker. Læg i serveringsfadet og bland med de kogte rejer. Server med det samme eller stil på køl og server koldt.

Ernæring (pr. 100 g):190 kalorier 8 g fedt 1 g kulhydrater 24 g protein 647 mg natrium

Stegt rejegnocchi

Forberedelsestid: 10 minutter

Madlavningstid: 20 minutter

Portioner: 4

Sværhedsgrad: Medium

Ingredienser:

- 1 kop hakkede friske tomater
- 2 spsk ekstra jomfru olivenolie
- 2 fed hvidløg, hakket
- ½ tsk friskkværnet sort peber
- ¼ tsk stødt rød peber
- 1 krukke (12 ounce) ristede røde peberfrugter
- 1 kilo friske rå rejer, skaller og haler fjernet
- 1 kg frossen gnocchi (ikke optøet)
- ½ kop fetaost i tern
- 1/3 kop frisk revet basilikumblade

Rutevejledning:

Forvarm ovnen til 425° F. Kombiner tomater, olie, hvidløg, sort peber og knust rød peber i en bageform. Bages i 10 minutter.

Rør ristede peberfrugter og rejer i. Steg i yderligere 10 minutter, indtil rejerne bliver lyserøde og hvide.

Mens rejerne koger, koges gnocchierne på komfuret efter pakkens anvisninger. Drænes i et dørslag og holdes varmt. Tag fadet ud af ovnen. Rør den kogte gnocchi, feta og basilikum i og server.

Ernæring (pr. 100 g):277 kalorier 7 g fedt 1 g kulhydrater 20 g protein 711 mg natrium

Krydrede rejer Puttanesca

Forberedelsestid: 5 minutter

Madlavningstid: 15 minutter

Portioner: 4

Sværhedsgrad: Medium

Ingredienser:

- 2 spsk ekstra jomfru olivenolie
- 3 ansjosfileter, drænet og hakket
- 3 fed hvidløg, hakket
- ½ tsk stødt rød peber
- 1 dåse (14,5 ounce) tomater med lavt natriumindhold eller saltfrie tern, ikke skrællede
- 1 dåse (2,25 ounce) sorte oliven
- 2 spsk kapers
- 1 spsk friskhakket oregano
- 1 kilo friske rå rejer, skaller og haler fjernet

Rutevejledning:

Kog olien op ved middel varme. Rør ansjoser, hvidløg og stødt rød peber i. Kog i 3 minutter, mens du rører ofte, og mos ansjoserne med en træske, indtil de smelter i olien.

Bland tomaterne med deres juice, oliven, kapers og oregano. Reducer varmen til medium og bring i kog.

Når saucen bobler forsigtigt tilsættes rejerne. Vælg medium varme og kog rejerne til de bliver lyserøde og hvide og server.

Ernæring (pr. 100 g):214 kalorier 10 g fedt 2 g kulhydrater 26 g protein 591 mg natrium

Italienske tunsandwich

Forberedelsestid: 10 minutter

Madlavningstid: 0 minutter

Portioner: 4

Sværhedsgrad: Let

Ingredienser:

- 3 spsk friskpresset citronsaft
- 2 spsk ekstra jomfru olivenolie
- 1 fed hvidløg, hakket
- ½ tsk friskkværnet sort peber
- 2 dåser (5 ounce) tun, drænet
- 1 dåse (2,25 ounce) skivede oliven
- ½ kop hakket frisk fennikel, blade medfølger
- 8 skiver fuldkornsbrød

Rutevejledning:

Bland citronsaft, olie, hvidløg og peber. Tilsæt tun, oliven og fennikel. Brug en gaffel til at adskille tunen og rør rundt for at kombinere alle ingredienserne.

Fordel tunsalaten jævnt mellem 4 skiver brød. Top hver med de resterende brødskiver. Lad sandwichene sidde i mindst 5 minutter, så den krydrede topping trænger ind i brødet før servering.

Ernæring (pr. 100 g):347 kalorier 17 g fedt 5 g kulhydrater 25 g protein 447 mg natrium

Salat med laks og dild

Forberedelsestid: 10 minutter

Madlavningstid: Ti minutter

Portioner: 6

Sværhedsgrad: Let

Ingredienser:

- 1 kg kogt og smuldret laksefilet
- ½ kop gulerødder i tern
- ½ kop selleri i tern
- 3 spsk friskhakket dild
- 3 spsk hakket rødløg
- 2 spsk kapers
- 1½ tsk ekstra jomfru olivenolie
- 1 spsk lagret balsamicoeddike
- ½ tsk friskkværnet sort peber
- ¼ tsk kosher eller havsalt
- 4 fuldkorns- eller bløde fuldkornstortillawraps

Rutevejledning:

Bland laks, gulerødder, selleri, dild, rødløg, kapers, olie, eddike, salt og peber. Fordel laksesalaten på brødet. Fold bunden af brødet, pak i folie og server.

Ernæring (pr. 100 g):336 kalorier 16 g fedt 5 g kulhydrater 32 g protein 884 mg natrium

White Clam Pizza Pie

Forberedelsestid: 10 minutter

Madlavningstid: 20 minutter

Portioner: 4

Sværhedsgrad: Svært

Ingredienser:

- 1 kilo frisk afkølet pizzadej
- Madlavningsspray med non-stick belægning
- 2 spsk ekstra jomfru olivenolie, delt
- 2 fed hvidløg, hakket (ca. 1 tsk)
- ½ tsk stødt rød peber
- 1 dåse (10 ounce) hele kammuslinger, drænet
- ¼ kop tør hvidvin
- All-purpose mel, til bagning
- 1 kop mozzarellaost i tern
- 1 spsk Pecorino Romano eller revet parmesan
- 1 spsk friskhakket fladbladet persille (italiensk)

Rutevejledning:

Forvarm ovnen til 500 ° F. Beklæd en stor bageplade med en bageplade med nonstick-spray.

Opvarm 1½ tsk olie i en stor stegepande. Tilsæt hvidløg og knust rød peber og steg i 1 minut, rør ofte for at forhindre, at hvidløget brænder på. Tilsæt den reserverede muslingesaft og vinen. Bring i kog ved høj varme. Reducer varmen, så saucen simrer, og kog i 10 minutter, mens der røres af og til. Saucen vil reducere og tykne.

Tilsæt muslingerne og kog i 3 minutter under omrøring af og til. Mens saucen koger, på en let meldrysset overflade, form pizzadejen til en 12-tommer cirkel eller 10x12-tommer rektangel med en kagerulle eller ved at rulle med hænderne. Læg dejen på den forberedte bageplade. Pensl dejen med den resterende halve spiseskefuld olie. Stil til side til muslingesaucen er klar.

Fordel muslingesauce over den tilberedte dej ½ tomme fra kanten. Drys med mozzarella og drys med Pecorino Romano.

Bages i 10 minutter. Tag pizzaen ud af ovnen og læg den på et træskærebræt. Drys med persille, skær i otte stykker med en pizzaskærer eller skarp kniv og server.

Ernæring (pr. 100 g):541 kalorier 21 g fedt 1 g kulhydrater 32 g protein 688 mg natrium

Bagte bønner Fiskemel

Forberedelsestid: 10 minutter

Madlavningstid: Ti minutter

Portioner: 4

Sværhedsgrad: Let

Ingredienser:

- 1 spsk balsamicoeddike
- 2½ dl grønne bønner
- 1 liter cherry- eller vindruetomater
- 4 fiskefileter (4 ounce hver), såsom torsk eller tilapia
- 2 spsk olivenolie

Rutevejledning:

Forvarm ovnen til 400 grader. Smør to bageplader med lidt olivenolie eller olivenoliespray. Arranger 2 fiskefileter på hver plade. Hæld olivenolie og eddike i en røreskål. Rør for at blande godt.

Tilsæt grønne bønner og tomater. Rør for at blande godt. Bland de to blandinger godt sammen. Tilsæt blandingen jævnt over fiskefileterne. Kog i 6 til 8 minutter, indtil fisken er uigennemsigtig og flager let. Serveres varm.

Ernæring (pr. 100 g):229 kalorier 13 g fedt 8 g kulhydrater 2,5 g protein 559 mg natrium

Torskegryderet med svampe

Forberedelsestid: 10 minutter

Madlavningstid: 20 minutter

Portioner: 6

Sværhedsgrad: Let

Ingredienser:

- 2 spsk ekstra jomfru olivenolie
- 2 fed hvidløg, hakket
- 1 dåse tomater
- 2 kopper hakket løg
- ¾ tsk røget paprika
- 1 krukke (12 ounce) ristede røde peberfrugter
- 1/3 kop tør rødvin
- ¼ tsk kosher eller havsalt
- ¼ tsk sort peber
- 1 kop sorte oliven
- 1 ½ kg torskefileter, skåret i 1 tomme stykker
- 3 kopper skivede svampe

Rutevejledning:

Tag en mellemstor pande, opvarm olien over middel varme. Tilsæt løget og svits i 4 minutter. Tilsæt hvidløg og røget paprika; kog 1 minut, omrør ofte. Tilsæt tomaterne med juice, ristede peberfrugter, oliven, vin, salt og peber; bland forsigtigt. Bring blandingen i kog. Tilsæt torsk og svampe; reducere varmen til medium. Dæk til og kog indtil torsken let flager, rør ind imellem. Serveres varm.

Ernæring (pr. 100 g):238 kalorier 7 g fedt 15 g kulhydrater 3,5 g protein 772 mg natrium

Krydret sværdfisk

Forberedelsestid: 10 minutter

Madlavningstid: 15 minutter

Portioner: 4

Sværhedsgrad: Medium

Ingredienser:

- 4 (7 ounce hver) sværdfiskbøffer
- 1/2 tsk stødt sort peber
- 12 fed hvidløg, pillede
- 3/4 tsk salt
- 1 1/2 tsk stødt spidskommen
- 1 tsk paprika
- 1 tsk koriander
- 3 spiseskefulde citronsaft
- 1/3 kop olivenolie

Rutevejledning:

Tag en blender eller foodprocessor, åbn låget og tilsæt alle ingredienserne undtagen sværdfisken. Luk låget og blend indtil glat. Pat tørre fiskebøffer; overtræk jævnt med forberedt krydderiblanding.

Læg på aluminiumsfolie, dæk til og stil på køl i 1 time. Forvarm en stegepande over høj varme, hæld lidt olie i og varm op. Tilsæt fiskebøfferne; Steg i 5-6 minutter på hver side, indtil de er gennemstegte og jævnt brune. Serveres varm.

Ernæring (pr. 100 g):255 kalorier 12 g fedt 4 g kulhydrater 0,5 g protein 990 mg natrium

Pasta Mania Ansjos

Forberedelsestid: 10 minutter

Madlavningstid: 20 minutter

Portioner: 4

Sværhedsgrad: Let

Ingredienser:

- 4 ansjosfileter, overtrukket med olivenolie
- ½ pund broccoli, skåret i 1-tommers buketter
- 2 fed hvidløg, skåret i skiver
- 1 kilo fuld hvede penne
- 2 spsk olivenolie
- ¼ kop parmesan, revet
- Salt og sort peber efter smag
- Rød peberflager, efter smag

Rutevejledning:

Kog pasta efter pakkens anvisninger; dræn og sæt til side. Tag en mellemstor gryde eller pande, tilsæt olie. Varm op over medium varme. Tilsæt ansjoser, broccoli og hvidløg og sauter, indtil grøntsagerne er møre, 4 til 5 minutter. tage varme; blandes med pasta. Den serveres varm med parmesan, rød peberflager, salt og sort peber drysset ovenpå.

Ernæring (pr. 100 g):328 kalorier 8 g fedt 35 g kulhydrater 7 g protein 834 mg natrium

Hvidløgsrejepasta

Forberedelsestid: 10 minutter

Madlavningstid: 15 minutter

Portioner: 4

Sværhedsgrad: Let

Ingredienser:

- 1 kilo pillede og udvundne rejer
- 3 fed hvidløg, hakket
- 1 løg, finthakket
- 1 pakke fuldkorns- eller bønnepasta efter eget valg
- 4 spiseskefulde olivenolie
- Salt og sort peber efter smag
- ¼ kop basilikum, skåret i strimler
- ¾ kop lavt natrium kyllingebouillon

Rutevejledning:

Kog pasta efter pakkens anvisninger; skyl og sæt til side. Tag en mellemstor stegepande, tilsæt olien og varm op ved middel varme. Tilsæt løg, hvidløg og sauter indtil det er gennemsigtigt og dufter i 3 minutter.

Tilsæt rejer, sort peber (kværnet) og salt; steg i 3 minutter, indtil rejerne bliver uigennemsigtige. Tilsæt bouillon og kog i yderligere 2-3 minutter. Tilføj pasta til serveringsskåle; tilsæt rejeblanding; serveres varm med basilikum på toppen.

Ernæring (pr. 100 g):605 kalorier 17 g fedt 53 g kulhydrater 19 g protein 723 mg natrium

Honning Laks Eddike

Forberedelsestid: 10 minutter

Madlavningstid: 5 minutter

Portioner: 4

Sværhedsgrad: Let

Ingredienser:

- 4 laksefileter (8 ounce).
- 1/2 kop balsamicoeddike
- 1 skefuld honning
- Sort peber og salt efter smag
- 1 spsk olivenolie

Rutevejledning:

Bland honning og eddike. Rør for at blande godt.

Krydr fiskefileter med sort peber (kværnet) og havsalt; pensl med honningglasur. Tag en mellemstor gryde eller pande, tilsæt olie. Varm op over medium varme. Tilsæt laksefileterne og steg indtil medium sjælden i midten og let brunet i 3-4 minutter på hver side. Serveres varm.

Ernæring (pr. 100 g):481 kalorier 16 g fedt 24 g kulhydrater 1,5 g protein 673 mg natrium

Orange fiskemel

Forberedelsestid: 10 minutter

Madlavningstid: 5 minutter

Portioner: 4

Sværhedsgrad: Let

Ingredienser:

- ¼ tsk kosher eller havsalt
- 1 spsk ekstra jomfru olivenolie
- 1 spsk appelsinjuice
- 4 tilapiafileter (4 ounce), med eller uden skind
- ¼ kop hakket rødløg
- 1 avocado, udstenet, skrællet og skåret i skiver

Rutevejledning:

Tag en 9-tommers bageplade; tilsæt olivenolie, appelsinjuice og salt. Bland godt. Tilsæt fiskefileterne og dæk godt til. Tilsæt løget til fiskefileterne. Dæk med plastfolie. Mikroovn i 3 minutter, indtil fisken er gennemstegt og let flager. Serveres varm med avocadoskiver på toppen.

Ernæring (pr. 100 g):231 kalorier 9 g fedt 8 g kulhydrater 2,5 g protein 536 mg protein

Rejer Zoodles

Forberedelsestid: 10 minutter

Madlavningstid: 5 minutter

Portioner: 2

Sværhedsgrad: Let

Ingredienser:

- 2 spsk hakket persille
- 2 tsk hakket hvidløg
- 1 tsk salt
- ½ tsk sort peber
- 2 mellemstore zucchini, spiraliseret
- 3/4 kg mellemstore rejer, pillet og udvundet
- 1 spsk olivenolie
- 1 citron presset og revet

Rutevejledning:

Tag en mellemstor gryde eller pande, tilsæt olie, citronsaft og citronskal. Varm op over medium varme. Tilsæt rejerne og brun i 1 minut på hver side. Svits hvidløg og rød peberflager i yderligere 1 minut. Tilsæt Zoodles og bland forsigtigt; kog 3 minutter, indtil de er bløde. Krydr godt, server varm med persille på toppen.

Ernæring (pr. 100 g):329 kalorier 12 g fedt 11 g kulhydrater 3 g protein 734 mg natrium

Ørred med asparges

Forberedelsestid: 10 minutter

Madlavningstid: 20 minutter

Portioner: 4

Sværhedsgrad: Let

Ingredienser:

- 2 kg ørredfileter
- 1 kilo asparges
- Salt og kværnet hvid peber efter smag
- 1 spsk olivenolie
- 1 fed hvidløg, hakket
- 1 forårsløg, skåret i tynde skiver (grøn og hvid del)
- 4 mellemstore gyldne kartofler, skåret i tynde skiver
- 2 romtomater, hakkede
- 8 udstenede Kalamata oliven, fint hakket
- 1 stor gulerod, skåret i tynde skiver
- 2 spsk tørret persille
- ¼ kop malet spidskommen
- 2 spsk paprika
- Smag til med 1 spsk grøntsagsfond
- ½ kop tør hvidvin

Rutevejledning:

I en røreskål tilsættes fiskefileterne, hvid peber og salt. Rør for at blande godt. Tag en mellemstor gryde eller pande, tilsæt olie. Varm op over medium varme. Tilsæt asparges, kartofler, hvidløg, forårsløg og svits indtil de er møre i 4 til 5 minutter. Tilsæt tomater, gulerødder og oliven; steg i 6-7 minutter, indtil de er møre. Tilsæt spidskommen, paprika, persille, bouillon og salt. Bland blandingen godt.

Tilsæt hvidvin og fiskefileter. Ved lav varme, læg låg på og lad blandingen simre i ca. 6 minutter, indtil fisken let flager, rør ind imellem. Serveres varm med forårsløg på toppen.

Ernæring (pr. 100 g):303 kalorier 17 g fedt 37 g kulhydrater 6 g protein 722 mg natrium

Kål Oliven Tun

Forberedelsestid: 10 minutter

Madlavningstid: 15 minutter

Portioner: 6

Sværhedsgrad: Medium

Ingredienser:

- 1 kop hakket løg
- 3 fed hvidløg, hakket
- 1 dåse (2,25 ounce) skivede oliven, drænet
- 1 kilo grønkål, hakket
- 3 spiseskefulde ekstra jomfru olivenolie
- ¼ kop kapers
- ¼ tsk stødt rød peber
- 2 teskefulde sukker
- 1 dåse (15 ounce) cannellini bønner
- 2 dåser (6 ounce) tun i olivenolie, drænet
- ¼ tsk sort peber
- ¼ tsk kosher eller havsalt

Rutevejledning:

Læg grønkål i blød i kogende vand i 2 minutter; dræn og sæt til side. Tag en mellemstor gryde eller gryde, opvarm olien over medium varme. Tilsæt løget og sauter indtil det er gennemsigtigt og blødt. Tilsæt hvidløg og svits i 1 minut, indtil det dufter.

Tilsæt oliven, kapers og rød peber og sauter i 1 minut. Bland kogt kål og sukker. Over lav varme, læg låg på og lad blandingen simre i cirka 8 til 10 minutter, mens du rører ind imellem. Tilsæt tun, bønner, salt og peber. Bland godt og server varmt.

Ernæring (pr. 100 g):242 kalorier 11 g fedt 24 g kulhydrater 7 g protein 682 mg natrium

Krydret rosmarin rejer

Forberedelsestid: 10 minutter

Madlavningstid: Ti minutter

Portioner: 6

Sværhedsgrad: Let

Ingredienser:

- 1 stor appelsin, revet og skrællet
- 3 fed hvidløg, hakket
- 1 ½ pund rå rejer, skaller og haler fjernet
- 3 spiseskefulde olivenolie
- 1 spsk hakket timian
- 1 spsk hakket rosmarin
- ¼ tsk sort peber
- ¼ tsk kosher eller havsalt

Rutevejledning:

Tag en plastikpose med lynlås, tilsæt appelsinskal, rejer, 2 spsk olivenolie, hvidløg, timian, rosmarin, salt og sort peber. Bland godt og lad det marinere i 5 minutter.

Tag en mellemstor gryde eller stegepande, tilsæt 1 spsk olivenolie. Varm op over medium varme. Tilsæt rejerne og steg i 2-3 minutter på hver side, indtil de er lyserøde og uigennemsigtige. Skær appelsinen i små tern og kom den i en serveringsskål. Tilsæt rejerne og bland godt. Server som frisk.

Ernæring (pr. 100 g):187 kalorier 7 g fedt 6 g kulhydrater 0,5 g protein 673 mg natrium

Asparges med laks

Forberedelsestid: 10 minutter

Madlavningstid: 15 minutter

Portioner: 2

Sværhedsgrad: Let

Ingredienser:

- 8,8 ounce asparges
- 2 små laksefileter
- 1½ tsk salt
- 1 tsk sort peber
- 1 spsk olivenolie
- 1 kop low-carb hollandaise sauce

Rutevejledning:

Krydr laksefileterne godt. Tag en mellemstor gryde eller pande, tilsæt olie. Varm op over middel varme.

Tilsæt laksefileterne og steg, indtil de er jævnt brune og gennemstegte, 4 til 5 minutter på hver side. Tilsæt asparges og sauter i yderligere 4 til 5 minutter. Serveres varm med Hollandaise sauce på toppen.

Ernæring (pr. 100 g):565 kalorier 7 g fedt 8 g kulhydrater 2,5 g protein 559 mg natrium

Tunsalat med valnødder

Forberedelsestid: 10 minutter

Madlavningstid: 0 minutter

Portioner: 4

Sværhedsgrad: Let

Ingredienser:

- 1 spsk hakket estragon
- 1 stilk selleri, renset og finthakket
- 1 mellemstor skalotteløg, hakket
- 3 spsk hakket purløg
- 1 dåse tun (pyntet med olivenolie), drænet og smuldret
- 1 tsk dijonsennep
- 2-3 skeer mayonnaise
- 1/4 tsk salt
- 1/8 tsk peber
- 1/4 kop pinjekerner, ristede

Rutevejledning:

Tilsæt tun, skalotteløg, purløg, estragon og selleri i en stor salatskål. Rør for at blande godt. Tilsæt mayonnaise, sennep, salt og sort peber i en røreskål. Rør for at blande godt. Tilføj mayonnaiseblanding til salatskål; bland godt for at kombinere. Tilsæt pinjekernerne og bland igen. Server som frisk.

Ernæring (pr. 100 g):236 kalorier 14 g fedt 4 g kulhydrater 1 g protein 593 mg natrium

Cremet rejesuppe

Forberedelsestid: 10 minutter

Madlavningstid: 35 minutter

Portioner: 6

Sværhedsgrad: Medium

Ingredienser:

- 1 kg mellemstore rejer, pillet og udvundet
- 1 porre, hvide og lysegrønne dele, skåret i skiver
- 1 mellemstor fennikelløg, finthakket
- 2 spsk olivenolie
- 3 stilke selleri, finthakket
- 1 fed hvidløg, hakket
- Havsalt og kværnet peber efter smag
- 4 kopper grøntsags- eller kyllingesuppe
- 1 spsk fennikelfrø
- 2 spsk let fløde
- Saft af 1 citron

Rutevejledning:

Tag en mellemstor gryde eller ildfast fad, opvarm olien over middel varme. Tilsæt selleri, porre og fennikel og steg i cirka 15 minutter, til grøntsagerne er møre og gyldne. Tilsæt hvidløg; smag til med sort peber og havsalt. Tilsæt fennikelfrø og rør rundt.

Hæld bouillon i og bring det i kog. Kog blandingen ved svag varme i cirka 20 minutter, mens du rører ind imellem. Tilsæt rejer og kog indtil lyserøde, 3 minutter. Bland fløden og citronsaften; den serveres varm.

Ernæring (pr. 100 g):174 kalorier 5 g fedt 9,5 g kulhydrater 2 g protein 539 mg natrium

Quinoa krydret laks med grøntsager

Forberedelsestid: 30 minutter

Madlavningstid: Ti minutter

Portioner: 4

Sværhedsgrad: Svært

Ingredienser:

- 1 kop rå quinoa
- 1 tsk salt, skåret i halve
- ¾ kop agurk, frøet, skåret i tern
- 1 kop cherrytomater, skåret i halve
- ¼ kop rødløg, finthakket
- 4 friske basilikumblade, skåret i tynde skiver
- Citronskal
- ¼ tsk sort peber
- 1 tsk spidskommen
- ½ tsk paprikapulver
- 4 laksefileter (5 oz).
- 8 citronskiver
- ¼ kop frisk persille, hakket

Rutevejledning:

Tilsæt quinoa, 2 kopper vand og ½ tsk salt i en mellemstor gryde.

Varm op, indtil vandet koger, og reducer derefter temperaturen til

kogning. Dæk gryden til og kog i 20 minutter eller så længe, som quinoa-pakken anviser. Sluk for varmen under quinoaen og lad den sidde tildækket i mindst 5 minutter mere før servering.

Lige inden servering tilsættes løg, tomater, agurk, basilikumblade og citronskal til quinoaen og blandes forsigtigt med en ske. Forbered imens (mens quinoaen koger) laksen. Sæt grillen på højt og sørg for, at der er en rist i bunden af ovnen. Tilsæt følgende ingredienser i en lille skål: sort peber, ½ tsk salt, spidskommen og paprika. Bland dem.

Læg folien på en bageplade af glas eller aluminium, og spray derefter med nonstick-spray. Læg laksefileterne på folien. Gnid krydderiblandingen over hver filet (ca. ½ teskefuld krydderiblanding pr. filet). Læg citronskiverne på siderne af gryden med laksen.

Kog laksen under grillen i 8 til 10 minutter. Dit mål er, at laksen let flager med en gaffel. Drys laksen med persille og server med citronbåde og grøntsagspersille. Sætter pris på!

Ernæring (pr. 100 g):385 kalorier 12,5 g fedt 32,5 g kulhydrater 35,5 g protein 679 mg natrium

Æblesennepsørred

Forberedelsestid: 15 minutter

Madlavningstid: 55 minutter

Portioner: 2

Sværhedsgrad: Svært

Ingredienser:

- 1 spsk olivenolie
- 1 lille skalotteløg, finthakket
- 2 Lady æbler, skåret i halve
- 4 ørredfileter, 3 ounce hver
- 1 1/2 spsk rasp, almindeligt og fint
- 1/2 tsk hakket frisk timian
- 1/2 spsk smeltet, usaltet smør
- 1/2 kop æblecider
- 1 tsk lys brun farin
- 1/2 tsk dijonsennep
- 1/2 spsk kapers, smuldret
- Havsalt og sort peber efter smag

Rutevejledning:

Forvarm ovnen til 375 grader, og tag derefter en lille skål ud. Bland rasp, skalotteløg og timian sammen, inden du smager til med salt og peber.

Tilsæt smørret og bland godt.

Læg æblerne med snitsiden opad i en bageplade og drys med sukker. Drys med brødkrummer, og hæld derefter halvdelen af cideren rundt om æblerne, og dækker fadet. Bages i en halv time.

Afdæk, og bag i yderligere tyve minutter. Æblerne skal være møre, men krummerne skal være sprøde. Tag æblerne ud af ovnen.

Tænd grillen, og flyt derefter stativet fire tommer væk. Tilsæt dine ørreder og smag til med salt og peber. Smør en bageplade med olie og læg ørreden med skindsiden opad. Børst huden med den resterende olie og steg i seks minutter. Gentag æblerne på hylden direkte under ørreden. Dette vil forhindre krummerne i at brænde og det vil kun tage to minutter at varme op.

Tag en gryde ud og rør resten af cider, kapers og sennep i. Tilføj mere cider, hvis det er nødvendigt for at fortynde det, og kog over medium varme i fem minutter. Den skal have en sauce-agtig konsistens. Hæld saften over fisken og server med et æble på hver tallerken.

Ernæring (pr. 100 g):366 kalorier 13 g fedt 10 g kulhydrater 31 g protein 559 mg natrium

Rejegnocchi

Forberedelsestid: 5 minutter

Madlavningstid: 15 minutter

Portioner: 4

Sværhedsgrad: Svært

Ingredienser:

- 1/2 pund. Rejer, ren og deveined
- 1/4 kop skalotteløg, skåret i skiver
- 1/2 ske + 1 tsk olivenolie
- 8 ounce hyldestabile gnocchi
- 1/2 bundt asparges, skåret i tredjedele
- 3 spiseskefulde parmesan
- 1 spsk frisk citronsaft
- 1/3 kop hønsebouillon
- Havsalt og sort peber efter smag

Rutevejledning:

Start med at varme en halv spiseskefuld olie op over middel varme, og tilsæt derefter gnocchi. Kog, omrør ofte, indtil de bliver fyldige og gyldne. Det tager syv til ti minutter. Kom dem i en skål.

Varm den resterende teskefuld olie op med skalotteløgene, og kog indtil de begynder at blive brune. Sørg for at røre, men det tager to minutter. Rør bouillonen, inden du tilsætter aspargesene. Dæk til og kog i tre til fire minutter.

Tilsæt rejerne, krydr med salt og peber. Kog til den er lyserød og gennemstegt, hvilket skal tage cirka fire minutter.

Læg gnocchierne i gryden med citronsaften og kog i yderligere to minutter. Bland godt og fjern derefter fra varmen.

Drys med parmesan og lad stå i to minutter. Din ost skal smelte. Serveres varm.

Ernæring (pr. 100 g):342 kalorier 11 g fedt 9 g kulhydrater 38 g protein 711 mg natrium

Saganaki rejer

Forberedelsestid: 15 minutter

Madlavningstid: 30 minutter

Portioner: 2

Sværhedsgrad: Medium

Ingredienser:

- 1/2 pund. Rejer med muslinger
- 1 lille løg, hakket
- 1/2 kop hvidvin
- 1 spsk frisk, hakket persille
- 8 ounce tomater, dåse og skåret i tern
- 3 spiseskefulde olivenolie
- 4 ounces fetaost
- Salt i terninger
- Et skvæt sort peber
- 14 teskefulde hvidløgspulver

Rutevejledning:

Tag en gryde ud og hæld cirka to centimeter vand i den, bring det i kog. Kog i fem minutter og dræn derefter, mens væsken opbevares. Gem rejer og væske.

Varm derefter to skeer olie op og tilsæt løget, når det er varmt. Kog indtil løget bliver gennemsigtigt. Rør persille, hvidløg, vin, olivenolie og tomater i. Kog i en halv time og rør til det er tyknet.

Fjern benene fra rejerne og fjern skaller, hoved og hale. Tilsæt rejer og rejebouillon til saucen, når den er tyknet. Lad det koge i fem minutter og tilsæt derefter fetaen. Lad stå indtil osten begynder at smelte, og server derefter varm.

Ernæring (pr. 100 g):329 kalorier 14 g fedt 10 g kulhydrater 31 g protein 449 mg natrium

Middelhavslaks

Forberedelsestid: 10 minutter

Madlavningstid: 20 minutter

Portioner: 2

Sværhedsgrad: Let

Ingredienser:

- 2 laksefileter, uden skind, 6 ounce hver
- 1 kop cherrytomater
- 1 spsk kapers
- 1/4 kop zucchini, finthakket
- 1/8 tsk sort peber
- 1/8 tsk fint havsalt
- 1/2 spsk olivenolie
- 1,25 ounce modne oliven, skåret i skiver

Rutevejledning:

Forvarm ovnen til 425 grader, og drys derefter begge sider af fisken med salt og peber. Læg fisken i et enkelt lag på bagepladen efter belægning af bagepladen med madlavningsspray.

Bland tomaterne og resten af ingredienserne, hæld blandingen over fileterne og bag dem i 22 minutter. Serveres varm.

Ernæring (pr. 100 g):322 kalorier 10 g fedt 15 g kulhydrater 31 g protein 493 mg sodavand